财政部规划教材
全国中等职业学校财经类教材

工业企业会计（第六版）实训与练习

张汉连　主编

中国财政经济出版社

图书在版编目（CIP）数据

工业企业会计（第六版）实训与练习/张汉连主编．—6 版．—北京：中国财政经济出版社，2010.3

财政部规划教材．全国中等职业学校财经类教材

ISBN 978 -7 -5095 -1978 -3

Ⅰ．工　Ⅱ．张…　Ⅲ．工业会计 - 专业学校 - 教学参考资料　Ⅳ．F406.72

中国版本图书馆 CIP 数据核字(2010)第 012703 号

责任编辑：陈　冰　　　　责任校对：张　凡
封面设计：陈　瑶　　　　版式设计：董生萍

中国财政经济出版社 出版

URL：http：//www.cfeph.cn

E - mail：cfeph @ cfeph.cn

社址：北京市海淀区阜成路甲 28 号　邮政编码：100142

发行处电话：88190406　财经书店电话：64033436

北京富生印刷厂印刷　　各地新华书店经销

787 × 1092 毫米　16 开　9 印张　212 000 字

2010 年 3 月第 1 版　2012 年 4 月北京第 4 次印刷

定价：16.00 元

ISBN 978 -7 -5095 -1978 -3/F · 1956

（图书出现印装问题，本社负责调换）

本社质量投诉电话：010 -88190744

编写说明

本实训与练习是根据财政部规划教材、全国中等职业学校财经类教材《工业企业会计》（第六版）编写的。本书按照注重技能训练、强化动手能力的要求，分别采用填空、判断、选择、业务核算等题型进行全面、综合的练习。本实训与练习区别于其他习题集的最主要的特点是与课本章节同步，每一节课后都有相应的练习，便于授课老师布置作业和学生及时掌握课本知识，提高学习效果。

本书由福建龙岩财经学校张汉连任主编，参加编写的有：福建龙岩财经学校张汉连（第一章、第六章）、福建龙岩财经学校陈鹭萍（第三章、第四章）、福建省漳州财贸学校夏燕侠（第五章、第九章、第十章）、贵州省财经学校石林艳（第七章、第八章、第十一章）、广东省财经职业技术学校林彤（第二章、第十二章、第十三章）。

由于编者水平所限，本书的错误与疏漏之处在所难免，敬请读者批评指正。

用书学校任课老师若需要本书的答案，请以电子邮件的形式向中国财政经济出版社索取，E-mail：chenbing@cfeph.cn。

编　者

2010年1月

目录

第一章 *DIYIZHANG*

概　论

习题　工业企业会计概论练习

填空题

1. 工业企业会计核算从原始凭证取得与审核、凭证的编制、账簿的登记、成本的计算、财产的清查到财务会计报告的编制等会计处理过程，就是对会计要素的________、________、________和________的过程。

2. 工业会计是应用于________的一种专业会计。它是以________作为主要计量单位。

3. 工业企业实行________，从事商品生产经营或提供劳务的一种________。

4. 工业企业的生产经营活动是________、________和________三个过程的统一。

5. 工业企业会计的对象是________________。

6. 工业企业的资金运动包括________、________、________三个部分。

7. 工业企业的会计要素包括________、________、________、________、________和________。

8. 《会计法》在我国会计规范体系处于________和________，也是指导会计工作的________。

9. 企业会计准则由________和________两个层次组成。

10. 目前，________、________、________和________共同组成企业会计的法律制度体系。

判断题

1. 工业企业会计核算的内容是工业企业生产经营的各个方面。（　　）

2. “资产＝负债＋所有者权益”是会计核算的基本平衡公式，反映了会计要素之间的

静态平衡。（　　）

3. 小企业是指经营规模小且不对外筹集资金的企业。（　　）

4. 工业企业生产经营过程中所发生的各项交易或事项即为工业企业会计的内容。（　　）

5. 符合《小企业会计制度》规定的小企业可以按照《小企业会计制度》进行核算，也可以选择执行《企业会计制度》。（　　）

6. 小企业应当根据会计业务的需要设置会计机构，或者在有关机构中设置会计人员并指定会计主管人员；不具备设置会计机构的，应当委托经批准设立从事会计代理记账业务的中介机构代理记账。（　　）

7. 企业必须以影响本企业经济利益的交易或事项为核算对象。（　　）

8. 我国目前实行的是《企业会计准则》和《企业会计制度》并存的体系。企业会计准则和企业会计制度它们都只是会计标准的一种表现形式。（　　）

9.《中华人民共和国会计法》是调整经济生活中经济关系的法律总规范。（　　）

10. 基本会计准则为会计准则和会计制度的制定提供基本框架。（　　）

选择题

1. 下列事项不属于会计事项的是（　　）。

A. 购买材料，支付货款　　B. 销售商品，收回货币

C. 签订经济合同　　D. 支付职工工资

2. 我国企业会计准则规定，企业的会计核算应当以（　　）为基础。

A. 权责发生制　　B. 实地盘存制

C. 永续盘存制　　D. 收付实现制

3. 工业企业小企业的标准是（　　）。

A. 职工人数 300 人以下　　B. 或销售额 3 000 万元以下

C. 或资产总额 4 000 万元以下　　D. 前三个条件同时具备

4. 工业会计是指（　　）。

A. 以货币为主要计量单位

B. 运用专门的方法

C. 对工业企业发生的交易或事项进行核算和监督

D. 一种管理活动

5. 资金进入企业是（　　）。

A. 投资者投入　　B. 债权人借入

C. 发行股票、债券等形式融资　　D. 货款收回

6. 国家统一的会计制度包括（　　）。

A. 会计法律　　B. 行政法规

C. 会计规章　　D. 会计规范性文件

7.《会计从业资格管理办法》属于（　　）。

A. 会计行政法规　　　　B. 会计规章

C. 会计规范性文件　　　　D. 地方性会计法规

8.《中华人民共和国会计法》第二次修订后实施时间为（　　）。

A. 1985年5月1日　　　　B. 2001年1月1日

C. 2007年1月1日　　　　D. 2007年7月1日

第二章 DIERZHANG

货币资金

习题一　货币资金概述练习

填空题

1. 货币资金的内容包括________、____________和________________三项。
2. 货币资金是企业的生产经营资金在________过程中，处于______状态的资金。
3. 货币资金是企业________、__________的资产。
4. 货币资金按存放地点和用途不同分现金、__________、__________和__________。

习题二　现金核算练习

填空题

1. 企业库存现金的收支、结存情况，一般设置____账户反映。其余额____方。
2. “现金日记账”、“银行存款日记账”必须是________，一般采用________。
3. 企业一般只能在________银行的______营业机构开立____基本存款账户；也不得在同一银行的几个分支机构开立一般存款账户。
4. 企业银行存款日记账与银行对账单在核对时产生不一致的原因有两个：一是企业和银行某一方发生的____________，二是存在________。
5. 我国企业会计实务中的现金是指________。

判断题

1. 我国会计上所说的现金是指除了库存的现金外，还包括银行存款和其他符合现金定义的票据，即“广义”的现金。 ( )

2. 会计人员应按照现金收付业务发生的时间先后顺序，采用逐日逐笔序时的方法登记“现金日记账”。 ( )

3. 不管任何情况，企业一律不准坐支现金。 ( )

4. 在商品交易中，对用现金结算给予比转账结算更优惠的待遇。 ( )

5. 库存现金超过限额的，可送存银行，也可保存于保险柜中。 ( )

选择题

1. 可以随时用做购买手段和支付手段的资金是( )。
   A. 现金　B. 银行存款　C. 外埠存款　D. 货币资金
2. 库存现金的限额由开户银行根据开户单位( )的日常零星开支的所需确定。
   A. 3 ~4 天　B. 3 ~5 天　C. 3 ~7 天　D. 5 ~7 天
3. 现金收支是( )岗位的主要日常工作之一。
   A. 会计　B. 出纳　C. 记账人员　D. 经办人
4. 现金保管的责任人是( )。
   A. 财务负责人　B. 主管会计人员
   C. 会计人员　D. 出纳人员
5. 边远地区和交通不便地区的开户单位的库存现金限额可以多于( )，但不得超过( )天的日常零星开支。
   A. 5 天　B. 7 天　C. 10 天　D. 15 天
6. 属于无法查明原因的现金溢余，经批准后应( )。
   A. 借记“库存现金”
   B. 贷记“管理费用——现金溢余”
   C. 贷记“营业外收入——现金溢余”
   D. 贷记“其他应付款——应付现金溢余”
7. 根据银行现金管理的规定，下列支出能使用现金结算的是( )。
   A. 支付给个人的劳务报酬　B. 支付职工的福利费用
   C. 支付金额很大的材料购货款　D. 购买 90 元的办公用品
8. 现金短缺的原因包括( )。
   A. 因单据丢失而未入账　B. 记账产生差错
   C. 单位职工借款　D. 对外投资

业务题

华发公司为一般纳税人，8 月份发生以下现金经济业务：

1. 8 月 1 日签发现金支票向银行提取现金 8 500 元，以备零星支出。

2. 8 月 5 日采购员张林出差，预借差旅费 1 500 元。

3. 8 月 7 日行政部门报销办公用品 45 元，用现金支付。

4. 8 月 13 日收到海天公司交来出租包装物押金 90 元。

5. 8 月 20 日采购员李明出差归来，报销差旅费 650 元，并交回余额 50 元，结清预借款。

6. 8 月 21 日采购员张林出差回来，报销差旅费 1 600 元，差额以现金付讫。

7. 8 月 31 日企业进行库存现金清查时发现短款 200 元。经查，系出纳员工疏忽所致，决定责令其赔偿 150 元，其余计人当期损益。

要求：编制以上经济业务的会计分录。

习题三　银行存款核算练习

填空题

1. 按承兑方式不同，商业汇票有________和________两种。

2. 同城、异地均可用的银行结算方式包括支票、__________、________、__________和信用卡。

3. 银行日记账由________登记，由__________保管。

4. 定额银行本票面额分为________元、________元、________元和 5 万元。

5. 托收承付结算方式下，承付货款分为________和________。

判断题

1. 商业承兑汇票是由收款人或付款人签发，由收款人或付款人承兑的票据。 (　　)
2. 普通支票可以用于支取现金，也可以用于转账。 (　　)
3. 普通支票左上角划两条平行线的，只能用于转账，不得支取现金。 (　　)
4. 委托收款和托收承付结算方式都受结算金额起点的限制。 (　　)
5. 银行存款是指存款人存放在银行的货币资金。 (　　)
6. 单位卡账户的资金一律从其基本存款账户转账存入，不得交存现金，也不得支取现金。 (　　)

选择题

1. 企业发放工资支取现金，可通过下列(　　　)账户办理。

A. 基本存款户　　B. 一般存款户

C. 临时存款户　　D. 专项存款户

2. 银行汇票提示付款期为(　　　)。

A. 5天　　B. 10天　　C. 1个月　　D. 9个月

3. 托收承付结算方式适用于(　　　)。

A. 异地或同城的商品交易　　B. 异地或同城的劳务交易

C. 订有合同的修理劳务　　D. 订有合同的商品交易

4. 支票的有效期为(　　　)。

A. 3天　　B. 10天　　C. 1个月　　D. 3个月

5. 与银行对账单对账，发现有几笔支出银行已经付账，而企业尚未作付账记录，此时应(　　　)。

A. 根据银行对账单逐笔编制记账凭证登记入账

B. 根据总数编制记账凭证登记入账

C. 根据企业已有凭证和银行对账单的有关数字入账

D. 待有关凭证送达后入账

6. 某企业收到银行对账单，发现银行存款日记账的余额与该对账单的余额不符，经逐笔核对查明，是由于企业的一笔应收货款银行已收到入账，而该项货款的收款通知联尚未送到企业所致。在编制银行存款余额调节表时，应作的处理是(　　　)。

A. 作为银行对账单余额的加项　　B. 作为企业日记账余额的加项

C. 作为银行对账单余额的减项　　D. 作为企业日记账余额的减项

7. 企业采购原材料时开具银行承兑汇票所支付的手续费应计入(　　　)。

A. 存货成本　　B. 管理费用　　C. 营业费用　　D. 财务费用

8. 下列结算方式中，可用于同城结算的是(　　　)。

A. 银行汇票　　B. 支票　　C. 商业汇票　　D. 银行本票

9. 我国《票据法》按照支付票款方式，将支票分(　　　　)。

A. 一般支票　　B. 现金支票　　C. 转账支票　　D. 普通支票

10.《银行账户管理办法》将企事业单位的存款账户分为(　　　　)。

A. 外埠存款账户　　B. 基本存款账户

C. 一般存款账户　　D. 临时存款账户

E. 专用存款账户

11. 托收承付结算方式，验单付款承付期为(　　　　)，验货付款承付期为(　　　)。

A. 3 天　　B. 5 天　　C. 10 天　　D. 15 天

业务题

华发公司 7 月 31 日在工商银行的银行存款余额为 35.6 万元，银行对账单余额为 37.1 万元。经查对，有下列事项：

1. 企业月末存入银行的转账支票 1.7 万元，银行尚未入账。

2. 委托银行代收的销货款 1.1 万元，银行已经收到入账，但企业尚未收到银行收款通知。

3. 银行代付本月电话费用 5 200 元，企业尚未收到银行付款通知。

4. 企业月末开出转账支票 6 200 元，持票人尚未到银行办理转账手续。

5. 银行错将新新公司的货款 2 万元打入华发公司账户。

要求：根据所给资料编制银行存款余额调节表。

习题四　其他货币资金核算练习

选择题

1. 企业欲从外地采购一批材料，现向银行申请办理用于材料货款结算的银行汇票一张，在办妥汇票时，应借记(　　　　)账户，贷记(　　　　)。

A. 银行存款　　B. 银行汇票存款

C. 材料　　D. 其他货币资金

2. 属于其他货币资金的有(　　　　)。

A. 外埠存款　　B. 银行汇票存款

C. 信用证存款　　D. 银行本票存款

业务题

华发公司8月31日银行存款余额16.5万元，其他货币资金余额2.6万元，该公司8月份发生有关银行存款的收、付业务如下（增值税税率17%）：

1. 8月3日销售A产品100件，售价每件150元，货款已由银行划入本企业账户。

2. 8月7日采购员在外地采购，以外埠存款支付材料款9 500元，增值税1 615元。

3. 8月10日销售B产品200件，每件售价100元，对方单位出具商业承兑汇票，约定3个月到期后付款。

4. 8月16日上月签发的银行汇票存款3 000元已到期，收到银行退回500元余额的通知。

5. 8月19日因到南京采购需要，委托银行汇出存款5.8万元，在南京工商银行开立采购专户。

6. 8月23日从科海公司采购材料一批，计价4万元，开出付款期半年的商业承兑汇票结算材料货款。

7. 8月25日在南京采购材料一批，计价4.5万元，从南京采购专户中支付货款，并收到银行退回余额的通知。

8. 8月27日收到购货单位送来支付其所欠货款1 000元的转账支票一张，已存入银行。

9. 8月28日开出转账支票一张，预付采购款2.5万元。

10. 8月29日接到银行转来托收承付付款通知，付款期到，工厂承付采购款5 000元。

要求：根据以上经济业务编制会计分录。

第三章 *DISANZHANG*

应 收 款 项

习题一　应收账款核算练习

填空题

1. 应收账款是指企业因销售________及提供________等业务，应向购货单位或接受劳务单位收取的款项。

2. 企业在确认应收账款的入账价值时，应考虑________________和________________两个因素。

3. 我国企业利用应收账款融资的方式主要有__________和__________两种。

单项选择题

1. 企业某项应收账款 10 万元，现金折扣条件 2/10，1/20，N/30，客户在第十八天付款，应给予客户的现金折扣为(　　)。

A. 1 000 元　　B. 2 000 元　　C. 500 元　　D. 0

2. 下列不属于债权的有(　　)。

A. 应收账款　　B. 预付账款　　C. 其他应收款　　D. 预收账款

多项选择题

1. 按照现行会计制度的规定，下列各项中可以记入“应收账款”账户的有(　　)。

A. 增值税销项税额　　B. 商业折扣

C. 现金折扣　　D. 代垫的运杂费

E. 应收货款

2. 应收债权的出售(　　　　)。

A. 不附追索权的应收债权出售　　B. 应收账款抵借

C. 附追索权的应收债权出售　　D. 应收账款质押

判断题

1. 在存在商业折扣的情况下，应收账款应按扣减商业折扣后的净额入账。(　　)

2. 在存在现金折扣的情况下，应收账款应按扣减现金折扣后的净额入账。(　　)

业务题

A 公司某月份发生如下经济业务：

1. 向甲公司销售产品一批，价款 5 万元，增值税 8 500 元，采用托收承付结算方式核算，在产品发运时，以支票支付代垫运杂费 400 元，已向银行办理托收手续。

2. 向丙单位销售产品一批，价款 10 万元，增值税为 1.7 万元，付款条件为 2/10，1/20，N/30。

3. 接银行通知，应收甲公司的货款 58 900 元已收妥入账。

4. 上述丙单位在第九天付款，交来转账支票一张，金额 11.5 万元。

要求：根据上述经济业务编制会计分录。

习题二　应收票据核算练习

填空题

1. 企业收到、开出的商业汇票无论是否带息，均按__________入账。

2. 收到一张3月1日签发面值为5万元的商业汇票，限期3个月，票面年利率为3%，到期日应收款项______________元。

3. 企业在6月2日持一张5月2日签发、8月2日到期、面额为10万元不带息的商业汇票向银行申请贴现，年贴现率为12%。贴现息________元，收到贴现金额________元。

4. 商业承兑汇票到期，因付款人无力付款，收款企业应按__________，借记"______"账户，贷记"应收票据"账户。

单项选择题

1. 一张面额为1万元的商业承兑汇票，出票日期为6月10日，期限为90天，则到期日为(　　)。

A. 9月8日　　B. 9月9日　　C. 9月10日　　D. 9月11日

2. 带息商业汇票的利息收入应记入(　　)账户贷方。

A. 投资收益　　B. 财务费用

C. 营业外收入　　D. 其他业务收入

3. 下列业务，不通过"应收票据"账户核算的是(　　)。

A. 收到银行承兑汇票　　B. 收到商业承兑汇票

C. 承兑商业汇票　　D. 收到支票

多项选择题

1. 应收票据期限的表示方法有(　　　　)。

A. 按日　　B. 按旬　　C. 按月

D. 按季　　E. 按年

2. 应通过"应收票据"或"应付票据"账户核算的票据有(　　　　)。

A. 银行本票　　B. 银行汇票　　C. 支票

D. 商业承兑汇票　　E. 银行承兑汇票

判断题

1. 带息应收票据到期时，若付款人无力支付票款，企业应按票据的账面余额转入应收账款账户核算，期末不再计提利息。（ ）

2. 企业收到开出、承兑的商业汇票，无论是否带息，均按票据的票面价值入账。（ ）

3. 企业已贴现的商业汇票到期，如果承兑人的银行账户不足支付，银行将从贴现企业的账户中将票款本息划回，收款企业应按所付票据本息转作应收账款。（ ）

业务题

A 公司发生如下经济业务：

1. 向甲公司销售产品一批，价款 20 万元，增值税 3.4 万元。收到甲公司交来一张已经银行承兑的、期限为两个月的不带息商业汇票，票面价值为 23.4 万元。

2. 经协商，将应收乙单位的货款 10 万元改用商业汇票方式结算。已收到乙单位交来一张期限为 6 个月的带息商业承兑汇票，票面价值为 10 万元，票面利率为 4%。

3. 公司上月收到丙公司一张一个月期的带息商业承兑汇票已到期，委托银行收款。现接银行通知，因丙公司银行账户存款不足，到期票款没有收回。该票据的账面余额为 9 万元，年票面利率为 4%。

4. 应收丁单位一张 3 个月的银行承兑汇票已到期，该票据票面价值为 15 万元，年票面利率为 4%，已计提利息 1 000 元，款项已收存银行。

5. 将上述收到甲公司的商业汇票 23.4 万元向银行贴现，贴现天数为 45 天，年贴现率为 6%，贴现款已收存银行。

6. 年末，对上述未到期的应收乙单位的带息票据计提利息。企业已持有该票据 3 个月。

要求：根据上述经济业务编制会计分录。

习题三　预付账款和其他应收款核算练习

填空题

1. 为简化核算手续，有的企业对经常使用备用金的部门、个人实行________制度。

2. 预付账款属于__________性质，“预付账款”账户的期末借方余额表示________；期末贷方余额则表示________。

单项选择题

1. 下列业务，不通过“其他应收款”账户核算的是(　　)。

A. 存出投标押金　　B. 职工借支差旅费

C. 备用金　　D. 预付定金

2. 预付款项不多的企业，可以不设置“预付账款”账户，而将其预付的款项记入(　　)账户的借方。

A. “应付账款”　　B. “其他应收款”

C. “其他应付款”　　D. “应收账款”

判断题

1. 企业应收的各种罚款通过“其他应收款”账户进行核算。　(　　)

2. 企业预付款项给供应单位形成的债权，应在“预付账款”或“应收账款”账户核算。　(　　)

业务题

A公司本月发生如下经济业务：

1. 5日，厂办公室小张到外地出差，预借差旅费2 000元，经同意付给现金。

2. 10日，总务科实行定额备用金制度，核定定额备用金5 000元，以现金支票付给。

3. 13日，采购部小王到外地参加产品展销会，预借差旅费3 000元。

4. 15日，厂办公室小张出差回厂，报销差旅费共计1 620元，退回现金380元。

5. 17 日，总务科报销零星杂费 2 250 元，以现金补足定额。

6. 24 日，小王出差归来，报销差旅费（产品展销工作，支出列营业费用）共计3 200 元，差额以现金补付。

7. 25 日，收到保险公司付给的财产受损赔偿款 12 000 元，款已转存开户银行。

8. 28 日，以银行存款支付借用供货单位包装物的押金 9 000 元。

要求：根据上述经济业务编制会计分录。

习题四　坏账核算练习

填空题

1. 计提坏账准备金的方法主要有________、____________和________三种。

2. “坏账准备”账户 12 月末计提坏账准备前为贷方余额 400 元，12 月末应收账款余额为 10 万元，坏账估计率为 0.5%，年末应计提坏账准备________元。

单项选择题

1. “坏账准备”账户是(　　)账户的备抵账户。

A. 应收账款　　B. 应付账款

C. 预收账款　　D. 预付账款

2. “坏账准备”账户在期末结账前如为借方余额，反映的内容是(　　)。

A. 提取的坏账准备

B. 实际发生的坏账损失

C. 收回以前已经确认并转销的坏账准备

D. 已确认的坏账损失超出坏账准备的余额

3. 企业年末应收款项余额为40万元，坏账准备为借方余额1 500元，按5%提取坏账准备，则应提的坏账准备数额为(　　)。

A. 20 000元　　B. 1 500元　　C. 21 500元　　D. 18 500元

4. 年初“应收账款”账户借方余额12万元，4月15日发生坏账损失2 000元。年末“应收账款”账户借方余额25万元，坏账准备估计比例0.5%。应收账款年末账面价值为(　　)元。

A. 250 000　　B. 248 750　　C. 247 350　　D. 248 150

多项选择题

1. 下列不计提坏账准备的项目有(　　　　)。

A. 应收票据　　B. 应收账款　　C. 预收账款

D. 预付账款　　E. 应付账款

2. 计提坏账准备金的方法有(　　　　)。

A. 总价法　　B. 应收账款余额百分比法　　C. 备抵法

D. 账龄分析法　　E. 销货百分比法

3. 下列事项中，应记入“坏账准备”账户贷方的有(　　　　)。

A. 转销已确认无法收回的应收账款

B. 转销确实无法支付的应付账款

C. 收回过去已经确认并转销的坏账

D. 从“应收票据”账户中转出到期仍未收回的应收票据

E. 按规定提取坏账准备

判断题

1. 已确认为坏账的应收账款，意味着企业放弃了其追索权。　　(　　)

2. 按现行制度规定，各种应收款项均应计提坏账准备。　　(　　)

业务题

A公司采用“应收账款余额百分比法”核算坏账损失，坏账准备的提取比例为5%。有关资料如下：

1. 2××7年初，“坏账准备”账户为贷方余额8 450元（按应收账款计提的部分，下同）。

2. 2××7年末和2××8年末应收账款余额分别为22.5万元和12.5万元，这两年均没有发生坏账损失。

3. 2××9 年 7 月，经有关部门批准确认一笔坏账损失，金额为 3.4 万元。

4. 2××9 年 11 月，上述已核销的坏账又收回 1.4 万元。

5. 2××9 年末，应收账款余额为 8.6 万元。

要求：根据上述资料，计算各年应提的坏账准备，并编制相关会计分录。

第四章 *DISIZHANG*

存 货

习题一 存货概述练习

填空题

1. 存货是指企业在______持有以备出售的______或______。处在生产过程的______、在生产过程或提供劳务过程中______等，包括______、______、______各类材料、______、______、______、______、______、______和______。

2. 存货确认的两个条件是：(1)______；(2)______。

3. 存货按其经济用途，可以分为______、______和______三种。

4. 存货按其存放地点，可以分为______、______、______和______四种。

5. 存货按其来源，可分为______、______、______、______和______。

单项选择题

1. 下列各项资产中，不属于存货范围的是(　　)。

A. 委托加工材料

B. 在产品

C. 顾客交款并已开出提货单，而尚未提取的货物

D. 货款已付，尚在运输途中的外购材料

2. 企业确认存货的标准是(　　)。

A. 在支付货款时确认　　　　　　　　B. 在取得其所有权时确认

C. 在收到货物时确认　　　　　　　　D. 在交付定金或签订合同时确认

多项选择题

下列物资中属于存货的有(　　)。

A. 原材料　　　　B. 工程物资　　　　C. 特准储备物资

D. 产成品　　　　E. 包装物和低值易耗品

判断题

1. 对纳税人而言，购入存货应负担的增值税均不应计入外购存货的采购成本。(　　)
2. 凡是存放在本企业的存货都是该企业的存货。(　　)

习题二　存货价值的确定练习

填空题

1. 影响外购存货入账价值的因素主要有______、______和______。

2. 企业会计准则规定各种存货应当按取得的实际成本记账，这表明我国存货入账值的确定应遵循______原则。

3. 发出存货的计价方法主要有：______、______和______。

4. 在个别计价法下，存货发出时的成本是按照______计价的。

单项选择题

1. 在物价变动时，选择(　　)计价方法可使库存存货的价值比较接近于市场价格。

A. 后进先出法　　　　　　　　B. 先进先出法

C. 个别计价法　　　　　　　　D. 移动加权平均法

2. 存货入账价值的基础应采用(　　)。

A. 重置成本　　　　　　　　B. 历史成本

C. 现净值　　D. 计划成本或定额成本

3. 在物价持续上涨的情况下，用先进先出法取代后进先出法对存货进行计价，会使(　　)。

A. 期末库存升高，当期利润增加　　B. 期末库存降低，当期利润减少

C. 期末库存降低，当期利润增加　　D. 期末库存升高，当期利润减少

4. 下列发出成本的计价方法中，成本计算最准确且又最符合实际情况的是(　　)。

A. 先进先出法　　B. 后进先出法

C. 加权平均法　　D. 个别计价法

5. 工业企业购进材料，在运输途中支付的各种运输费用应(　　)。

A. 计入材料成本　　B. 作为费用处理

C. 计入产品生产成本　　D. 计入产品销售成本

6. 某工业企业（一般纳税人）从外地购进原材料一批，取得的增值税专用发票上注明价款1万元，增值税额1 700元，另外支付运输部门运费1 000元，支付装卸费等200元，运输费的增值税扣除率为7%。该批材料的采购成本为(　　)。

A. 10 000元　　B. 11 700元　　C. 11 200元　　D. 11 130元

7. 材料采购途中的合理损耗应(　　)。

A. 计入采购成本　　B. 计入管理费用

C. 计入财务费用　　D. 由保险公司赔偿

多项选择题

1. 企业原材料发出，可选择的计价方法有(　　　)。

A. 先进先出法　　B. 加权平均法　　C. 后进先出法

D. 个别计价法　　E. 移动加权平均法

2. 如何选择存货计价方法将会影响到(　　　)。

A. 资产总额　　B. 负债总额　　C. 企业损益

D. 应纳税所得额　　E. 所有者权益总额

3. (　　　)应计入采购成本。

A. 关税　　B. 采购过程中的合理损耗

C. 入库前的加工整理挑选费　　D. 装卸费

E. 采购人员差旅费

4. 对一般纳税人而言，下列(　　　)不应计入外购存货的采购成本。

A. 买价　　B. 购入存货应负担的增值税

C. 购入存货应负担的消费税　　D. 入库前的整理挑选费用

E. 采购人员的差旅费

判断题

1. 企业接受外来原料加工制造的代制品，这部分产成品的成本包括外来原料的价值和加工成本。（　）

2. 企业发出存货如采用先进先出法计价，在物价上涨时，会使库存存货的价值接近市场价格。（　）

3. 外购存货的入账价值中，应包括运输途中的所有损耗。（　）

业务题

1. 某工业企业（一般纳税人）从外地购入材料一批 2 000 千克，每千克单价 2 元，增值税率 17%，另支付运输部门运输费 400 元，装卸费 200 元，采购人员差旅费 300 元，材料验收入库短缺 20 千克，经确认是属定额内损耗。

要求：根据上述资料计算该批材料采购的总成本和单位成本。

2. 设甲公司 8 月份 A 材料有关收、发、存的明细资料如表 4－1 所示。

表 4－1　　A 材料明细账　　单位：千克

××年		摘要	收入			发出			结存		
月	日		数量	单价	金额	数量	单价	金额	数量	单价	金额
8	1	月初余额							1 200	5	6 000
	3	购　入	600	5.3	3 180				1 800		
	7	发　出				800			1 000		
	12	购　入	400	6	2 400				1 400		
	16	发　出				1 000			400		
	24	购　入	600	5	3 000				1 000		
	31	本月合计	1 600		8 580	1 800			1 000		

要求：分别采用先进先出法和加权平均法计算发出材料的成本和月末结存的成本。

习题三　材料核算练习

填空题

“材料成本差异”账户借方登记__________________，贷方登记__________________和__________________________。期末余额在借方，表示________________；若在贷方，表示______________。

单项选择题

1. 下列原材料相关损失项目，应计入营业外支出的是(　　)。

A. 意外灾害造成的原材料损失　　B. 人为造成的原材料损失

C. 运输途中发生的合理损耗　　D. 计量差错引起的材料盘亏

2. 某工业企业采用计划成本进行原材料的核算。8 月初结存原材料的计划成本为 5 万元，本月收入原材料计划成本为 10 万元，本月发出材料总成本为 8 万元，原材料成本差异的月初余额为 1 000 元（超支），本月收入材料成本差异为 2 000 元（超支）。本月结存材料实际成本为(　　)元。

A. 81 600　　B. 71 400　　C. 80 800　　D. 68 600

3. 当材料的收发采用计划成本计价时，月末计划成本大于实际成本的差额在结转“材料采购”账户时，应作的分录为(　　)。

A. 借：材料采购
　　贷：材料成本差异

B. 借：材料成本差异
　　贷：材料采购

C. 借：生产成本
　　贷：材料成本差异

D. 借：材料成本差异
　　贷：生产成本

4. 企业在材料收入的核算中，需在月末暂估入账并于下月初红字冲回的是(　　)。

A. 月末购货发票账单未到，货款未付但已入库的材料

B. 月末购货发票账单已到，货款未付但已入库的材料

C. 月末购货发票账单已到，货款已付且已入库的材料

D. 月末购货发票账单已到，货款已付但未入库的材料

5. 某企业采用计划成本核算，已知期初某种材料余额 12 万元，材料成本差异有贷方余额 6 000 元，该材料计划单位成本为 24 元，本期两次分别购进材料为 2 000 千克和 3 000 千克，单价分别为 22 元和 28 元，本月领用 4 000 千克，则期末材料“材料成本差异”账户余额为(　　)元。

A. 借方余额 1 200

B. 贷方余额 1 200

C. 借方余额 800

D. 贷方余额 800

6. “材料成本差异”账户属于(　　)账户。

A. 负债类

B. 资产类

C. 成本类

D. 所有者权益类

7. 原材料已验收入库，月末尚未收到结算凭证，入库材料按暂估价入账时应贷记(　　)账户。

A. “在途物资”

B. “应付账款”

C. “其他应付款”

D. “银行存款”

多项选择题

1. 存货按计划成本计价核算的情况下，“材料成本差异”账户期末(　　)。

A. 一定为借方余额

B. 一定为贷方余额

C. 可能为借方余额

D. 可能为贷方余额

E. 可能无余额

2. 企业的原材料采用计划成本核算，应设置的科目有(　　)。

A. 原材料

B. 在途物资

C. 材料采购

D. 材料成本差异

E. 商品进销差价

3. “材料成本差异”账户的贷方登记(　　)。

A. 收入材料转入的节约差异

B. 收入材料转入的超支差异

C. 发出材料负担的节约差异

D. 发出材料负担的超支差异

E. 发出商品分摊的进销差价

4. 企业购进材料一批，已验收入库，但到月终时结算凭证仍未到，货款尚未支付。对该项业务，企业应作(　　)处理。

A. 材料验收入库时即暂估入账

B. 材料验收入库时只登记原材料明细账

C. 月末按暂估价入账

D. 下月初用红字冲回

E. 待下月收到结算凭证并支付货款时入账

判断题

1. 企业的原材料无论是按实际成本计价核算还是按计划成本计价核算，其记入生产成本的原材料成本最终均应为所耗用材料的实际成本。(　　)

2. 材料计划成本的组成与实际成本的构成相一致。(　　)

业务题

某企业为增值税一般纳税人，材料按实际成本核算。该企业 8 月份发生下列经济业务：

1. 10 日，购入 A 材料一批，增值税专用发票上注明材料价款为 20 万元，税款34 000元，价税均已用银行存款支付，材料已验收入库。

2. 15 日，购入 A 材料一批，普通发票上标明价税合计为 10 万元，其中价款 85 470 元，税款 14 530 元，货款尚未支付，材料已验收入库。

3. 16 日，按合同规定，向甲企业预付购料款 4 万元，已开出转账支票支付。

4. 20 日，向乙企业购买 A 材料 1 000 千克，价款 4 万元，增值税 6 800 元，该企业已代垫运杂费 800 元（其中运费 500 元），款项均已通过银行支付，材料尚未收到。

5. 25 日，用预付款方式向甲企业采购的 A 材料已验收入库，有关发票单据列明材料价款 4 万元，增值税 6 800 元，当即开出一张转账支票补付货款 6 800 元。

6. 28 日，上述材料已运达，实际验收入库 980 千克，短缺 20 千克，属定额内合理损耗。

7. 30 日，向丁工厂购买 A 材料，材料已验收入库，结算单据未到，暂估价 1 万元。

8. 31 日，根据发料凭证汇总表，本月领用 A 材料 25 万元，其中生产产品领用 20 万元，车间一般性消耗 2 万元，销售部门领用 5 000 元，厂部管理部门领用 25 000 元。

要求：根据以上经济业务编制会计分录。

习题四　低值易耗品核算练习

填空题

1. 低值易耗品的摊销方法主要有________、________和________。

2. 包装物采用五五摊销法摊销时，应分别设置______、____________和____________三个明细账。

单项选择题

1. 不作为包装物核算的包装用品是(　　)。

　A. 生产领用的包装物　　B. 出租给外单位的包装物

　C. 出借给外单位的包装物　　D. 已经领用的包装纸

2. 随同产品出售但不单独计价的包装物，于发出时，应作会计分录为(　　)。

　A. 借记“营业外支出”，贷记“周转材料——包装物”

　B. 借记“产品销售成本”，贷记“周转材料——包装物”

　C. 借记“销售费用”，贷记“周转材料——包装物”

　D. 借记“营业外支出”，贷记“周转材料——包装物”

3. 企业出租包装物的摊销作(　　)处理。

　A. 其他业务成本　　B. 其他应付款

　C. 其他业务收入　　D. 产品销售费用

4. 在采用一次摊销法核算的情况下，企业将报废的出租包装物残值入账时，应作(　　)处理。

　A. 增加其他业务收入　　B. 增加营业外收入

　C. 冲减其他业务成本　　D. 冲减产品销售费用

多项选择题

1. 下列属于企业包装物核算范围的是(　　　)。

　A. 随同产品出售而不单独计价的包装物

　B. 随同产品出售而单独计价的包装物

　C. 出租或出借给购买单位使用的包装物

　D. 计划单独作为企业产品的自制包装物

E. 用于储存和保管产品而不对外出售的包装物

2. 低值易耗品的摊销方法有(　　　　)。

A. 直接转销法　　B. 使用年限法

C. 一次摊销法　　D. 分次摊销法

E. 五五摊销法

3. 出租出借包装物的收入包括(　　　　)。

A. 出租包装物的租金收入　　B. 出租包装物收到的押金

C. 出借包装物收到的押金　　D. 没收逾期未还出租包装物的押金

E. 没收逾期未还出借包装物的押金

判断题

1. 随同产品出售但单独计价的包装物，在随同产品出售时，计入销售费用。　(　　)

2. 出借的包装物，应在第一次领用时，结转其成本，借记“其他业务成本”账户，贷记“周转材料——包装物”账户。　(　　)

3. 生产领用的用于包装产品的包装物，应按领用包装物的实际成本计入产品的生产成本。　(　　)

4. “周转材料——包装物”核算内容包括与产品或商品出售有关的包装容器以及一些包装纸、铁皮等包装材料。　(　　)

5. 企业的低值易耗品可以多次参加生产周转而不改变其原有实物形态，所以应列“固定资产”。　(　　)

业务题

1. 某企业对低值易耗品采用实际成本核算，该厂5月份有关经济业务如下：

(1) 基本生产车间领用生产工具一批，实际成本400元，一次摊销其价值。

(2) 厂部管理部门领用管理用具一批，实际成本2 000元，按5个月摊销其价值。

(3) 基本生产车间领用工具一批，实际成本6 000元，摊销期限15个月。

(4) 本月生产车间报废低值易耗品一批，残料作价50元。

要求：根据以上经济业务编制会计分录。

2. 某企业采用实际成本核算包装物，并采用五五摊销法对出租包装物进行摊销。有关经济业务如下：

（1）出租库存未用包装物 200 件，每件单位成本 100 元，租期 5 个月，每月每件租金 20 元，本月收取租金 4 000 元及按规定应交增值税 680 元，收取押金 24 000 元。

（2）租赁期满，收回包装物 150 件，退还押金 18 000 元，其余 50 件未能收回，没收其余押金。

（3）收回包装物已重新入库。

要求：根据以上资料编制有关会计分录。

习题五　自制半成品和库存商品核算练习

填空题

1. 自制半成品是指经过________并已检验合格交付________，但尚未制造完成为________，仍需________的________。

2. 企业外购的半成品，应作为________处理。

多项选择题

1. 工业企业产成品的内容包括（　　　　）。

A. 已完成全部生产过程并已验收入库的合格品

B. 库存的可降价出售的不合格产品

C. 已经完成销售手续，但购买单位在月末仍未提取的库存商品

D. 采用分期收款销售方式发出的商品

E. 受托加工制造完成并已验收入库的代制品

2. 下列属于库存商品的是(　　)。

A. 外购商品　　B. 自制商品

C. 代制品　　D. 自制半成品

判断题

1. 库存商品是指在企业已经完成全部生产过程并已验收入库，可作为商品直接出售的产品，但不包括外购商品。(　　)

2. 直接转移给另一个车间继续加工，不需送交半成品仓库的自制半成品，直接在“生产成本”账户核算。(　　)

习题六　委托加工物资核算练习

填空题

企业发给外单位加工的商品应按__________成本借记“________”账户，贷记“库存商品”账户。

单项选择题

委托加工完成验收入库后的剩余材料应作为(　　)处理。

A. 营业外收入　　B. 其他业务收入

C. 原材料入库　　D. 材料成本差异

多项选择题

1. 委托加工收回后用于连续生产应税消费品的材料，其实际成本包括(　　　)。

A. 发出加工材料的计划成本

B. 发出加工材料应负担的成本差异

C. 加工费用和往返运费

D. 支付的由受托方代收代交的消费税

2. 委托加工收回后用于直接销售应税消费品的物资，其实际成本包括(　　　)。

A. 发出加工材料的计划成本

B. 发出加工材料应负担的成本差异

C. 加工费用和往返运费

D. 支付的由受托方代收代交的消费税

判断题

委托加工材料收回后，直接用于销售的，其实际成本应包括缴纳的消费税。（　　）

业务题

某企业为增值税一般纳税人，委托丙企业将A材料加工成B材料（属于应税消费品）。A材料成本为20万元，支付的加工费为16 000元（不含增值税），消费税税率为10%，B材料加工完毕验收入库，加工费用等尚未支付，加工后的材料用于连续生产应税消费品，双方适用的增值税税率均为17%。

要求：根据上述资料编制有关会计分录。

习题七　存货的清查核算练习

填空题

1. 存货清查的方法应采用__________________________。

2. 在财产清查过程中，实存数量大于账面数量是____________，实存数量小于账面数量是__________________。

3. 在比较存货的成本与可变现净值时，有____________、____________和____________三种方法可供选择。

4. 在我国，“存货跌价准备”账户应在每一____________通过比较期末的__________，计算出应计提的准备，然后与“存货跌价准备”账户的__________比较，若应提数大于已提数，应__________；反之，__________。

单项选择题

1. 存货盘盈时，应贷记(   )。

A. “管理费用”　　B. “营业外收入”

C. “其他业务收入”　　D. “待处理财产损溢”

2. 存货按成本与可变现净值孰低法计价，是(   )原则的运用。

A. 客观性　　B. 权责发生制

C. 历史成本　　D. 谨慎性

3. 通过盘点先确定期末结存存货的数量，然后推算出本期发出存货的数量，这种方法称为(   )。

A. 永续盘存制　　B. 实地盘存制

C. 权责发生制　　D. 收付实现制

4. 成本与可变现净值孰低法中的成本是指(   )。

A. 计划成本　　B. 历史成本

C. 重置成本　　D. 定额成本

多项选择题

1. 关于成本与可变现净值孰低法，以下表达正确的有(   )。

A. 其“成本”是指存货的历史成本

B. 其“可变现净值”是指存货的现行售价

C. 当成本低于可变现净值时，存货按成本计价

D. 当可变现净值低于成本时，存货按可变现净值计价

E. 当可变现净值高于成本时，存货按可变现净值计价

2. 将期末存货的成本与可变现净值进行比较的方法有(   )。

A. 单项比较法　　B. 分类比较法　　C. 总额比较法

D. 直接转销法　　E. 成本法

判断题

存货清查中，对于自然灾害造成的损失应计入当期管理费用。　　(   )

业务题

1. 某企业对存货进行清查，清查结果及批准处理情况如下：

（1）发现盘盈 A 材料 50 千克，实际单位成本 30 元，是收发计量差错造成。

（2）盘亏 B 材料 200 千克，实际单位成本 100 元。是企业管理不善造成。

（3）损毁 C 产品 100 件，每件实际成本 400 元，其应负担的增值税额为 5 100 元。损毁是意外事故造成，其残料回收作价 200 元，可获保险公司赔偿 16 000 元。

要求：根据上述资料编制有关会计分录。

2. 某企业对期末存货采用“成本与可变现净值孰低”法计价，并按备抵法进行会计处理。2××7 年末，存货实际成本，75 万元，可变现净值 65 万元。2××8 年末，存货实际成本 90 万元，可变现净值 87.5 万元。2××9 年 8 月，处理一批已霉烂变质且无转让价值的材料，其账面余额为 3 万元。

要求：根据上述资料编制有关会计分录。

第五章 DIWUZHANG

固 定 资 产

习题一 固定资产概述练习

填空题

1. 固定资产是为生产产品、提供劳务、出租或经营管理而持有的，使用年限________、________的资产。

2. 固定资产按经济用途分类，可分为________和________两大类。

3. 固定资产按所有权分类，可________和________两类。

4. 固定资产综合分类可分为________、________、________、________、________、________和________七类。

5. 固定资产的原始价值是指企业通过________或________等方式________某项固定资产达到________前所发生的________的支出。

6. 固定资产净值又称为________，是指________后的净额。

选择题

1. 下列属于企业固定资产的是(　　　)。
   A. 公司的办公大楼　　B. 公司购置的轿车
   C. 生产用设备　　D. 办公桌椅（单位价值在 2 000 元以下）

2. 固定资产的特征有(　　　)。
   A. 单位价值比较高
   B. 使用期限在一年以上
   C. 持有目的是用于生产经营，而不是用于销售
   D. 实物形态会随使用发生变化

3. 下列属于生产用固定资产的是(　　　)。

A. 企业用厂房　　B. 企业职工宿舍
C. 企业职工食堂　　D. 车间用空调

4. 企业向光明集团购买不需安装的生产用设备一台，发票记录买价 20 万元，增值税 3.4 万元，运输费 5 000 元。该设备的原始价值为(　　)元。
A. 200 000　　B. 205 000　　C. 238 650　　D. 239 000

5. 投资者投入一台设备，正确确定其入账价值的方式是(　　)。
A. 按投资者提供的有关凭据入账　　B. 按该设备的市场价值入账
C. 按投资各方确认的价值入账　　D. 按评估后的价值入账

6. 企业融资租入固定资产的入账价值包括(　　)。
A. 租赁协议或合同确定的价款　　B. 安装调试费
C. 运输费　　D. 办理租赁的手续费

判断题

1. 单位价值在 2 000 元以上的非生产经营用设备或物品也可作为企业的固定资产。(　　)

2. 固定资产在使用过程中，其价值是以折旧的形式分期转入成本费用，并从企业经营收入中得到补偿。(　　)

3. 按租赁性质，租入固定资产分为经营性租入和融资性租入两种。(　　)

4. 企业取得的土地使用权在建筑物完工时，可转入该建筑物的造价成本中。(　　)

5. 固定资产的净值可以用来分析企业固定资产的新旧程度，有利于企业对固定资产的更新改造。(　　)

6. 经批准无偿调入的固定资产，按调出单位的原始价值加上发生的运输费、安装费等相关费用，作为入账价值。(　　)

业务题

1. 企业接受海外某机构捐赠实验设备一台，捐赠者提供的凭据的价值为原始价值2.5 万美元（当日汇率为 1 美元折合人民币 8.25 元)，该设备估计有六成新，企业缴纳海关关税人民币 5 000 元，发生运费和安装费 12 000 元。

要求：计算该实验设备的入账价值。

2. 企业购进办公用电脑一批，发票价款中记录为：电脑硬件买价 2 万元，增值税 3 400 元，电脑软件 1.8 万元。

要求：计算该批电脑的入账价值。

习题二 固定资产增加核算练习

填空题

1. 固定资产增加的主要途径有________、________、________、________和接受捐赠等。

2. 固定资产安装工程分为________和________两种方式。

3. “工程物资”账户是用来核算企业为建筑工程等准备的各种________、________的账户。该账户可按________设置明细账。

4. “在建工程”账户是用来核算企业进行________、________和技术改造工程等发生的实际成本的账户。该账户应按________、________、________和其他支出设置明细账。

5. 企业自行建造工程包括________、________和________。

6. 改建、扩建后的固定资产原值为________加上________，减去________________。

选择题

1. 在实务中，固定资产明细账一般采用(　　)的形式。

A. 订本账　　B. 活页账　　C. 三栏式　　D. 卡片账

2. “工程物资”账户的明细账户一般有(　　)。

A. 专用材料　　　　　　　　　　B. 专用设备

C. 预付大型设备款　　　　　　　D. 工具和器具

3. 企业购入需要安装的固定资产时，应按实际支付的价款（包括设备价款、税款和相关费用）先借记(　　　)账户。

A. “在建工程”　　　　　　　　B. “固定资产”

C. “工程物资”　　　　　　　　D. “在建工程和固定资产”

4. 企业出包工程预付的工程款应在(　　　)账户中核算。

A. “其他应付款”　　　　　　　B. “预付账款”

C. “在建工程”　　　　　　　　D. “工程物资”

5. 经营性租赁方式的特点有(　　　)。

A. 租赁期短

B. 租赁合同灵活

C. 承租人不享有租入资产的所有权

D. 承租期内承租人负责租入资产的保养和维修

6. 下列对融资租赁描述正确的是(　　　)。

A. 融资租赁通常为长期租赁，可解决企业对固定资产的长期需要，又称为资本租赁

B. 租约期满后，往往将固定资产作价转让给承租人

C. 承租人对租入的固定资产应视同企业自有资产，应计提折旧、承担修理等有关费用

D. 在租赁期内承租人享有租入资产的所有权

判断题

1. “固定资产”账户反映固定资产净值增减变动和结存的情况。　(　　)

2. “累计折旧”账户一般只需要进行总分类核算。　(　　)

3. 企业工程完工后剩余的物资如转作存货，只需按其实际成本结转，即借记“原材料”账户，贷记“在建工程”账户。　(　　)

4. 自营安装工程领用本企业生产的产品，应视同销售处理。　(　　)

5. 企业固定资产转入改建、扩建时，应将固定资产原值由“固定资产——未使用固定资产”的借方转入“固定资产——经营用固定资产”的贷方。　(　　)

6. 为加强管理，企业经营性租入的固定资产也应在本企业入账，并计提折旧。　(　　)

业务题

1. 某企业有关资料如下：

（1）企业购入不需要安装的钻床一台，增值税专用发票上注明价款 5.6 万元，增值税 9 520元，另支付运输费 2 300 元，已取得增值税合法抵扣凭证，款项均以银行存款支付，设备已交付使用。

（2）企业购入需要安装的大型机床一台，增值税专用发票上注明价款 25 万元，增值税 42 500 元，运输费 1 500 元，款项由银行存款支付，设备由企业自行安装。

（3）上述设备安装领用丙材料 1 200 元，增值税 204 元；工人工资 1 500 元。

（4）上述机床安装完毕，交付生产车间使用。

（5）接受某法人单位投资设备一台，原值 35.6 万元，已提折旧 5.6 万元，双方确认价值 28.5 万元，对方提供专用发票上注明的增值税额为 48 450 元，设备交付生产使用。

（6）接受某国家科研机构捐赠精密仪器一台，捐赠者未提供记录仪器价值的相关凭证，据了解该仪器目前市场价值为 38 700 元。

（7）以银行存款支付本月基本生产车间经营性租入设备的租金 8 400 元。

（8）企业购建职工集体宿舍，采用出包方式承包给市工程公司，标书总造价 78.6 万元，双方签订合同，施工前应预付 65% 的前期费用，剩余 35% 待工程按期验收合格时支付，工期 180 天。①预付工程款；②工程按期完工验收；③工程交付使用。

（9）企业采用融资租赁方式租入载重用卡车一辆，车价 23 万元，协议规定租期 3 年，款项尚未支付。

要求：根据以上业务编制会计分录。

2. 远大公司为改善办公环境，将行政办公大楼进行整体改建和装修，改建和装修工作由本公司基建处承担。该幢办公大楼的原值为 135 万元，已提取折旧 25 万元。改造中发生相关业务如下：

（1）办公大楼转入改建；

（2）购买工程物资，增值税专用发票上注明价款 25 万元，增值税 42 500 元，运输费 3 000元，款项由银行存款支付，物资直接交付工程使用；

（3）工程领用本企业生产用甲材料 2 万元，增值税 3 400 元；

（4）工程领用本企业生产的 A 产品 25 件，每件售价 800 元，单位生产成本 650 元，企业适用的增值税率为 17%；

（5）该项工程发生职工工资 3.6 万元，福利费 5 040 元，工程完工予以结转；

（6）以银行存款支付工程的监理费 8 100 元；

（7）工程完工，交付行政部门使用。

要求：根据以上业务编制会计分录。

习题三　固定资产折旧核算练习

填空题

1. 固定资产折旧是＿＿＿＿＿＿＿＿＿＿＿＿＿＿＿＿＿＿＿＿＿＿＿＿＿＿＿＿＿＿＿的那部分价值。

2. 固定资产的损耗分为＿＿＿＿＿＿＿＿＿和＿＿＿＿＿＿＿＿＿＿＿两种。

3. 企业可选用的折旧方法一般有＿＿＿＿＿＿＿、＿＿＿＿＿＿＿＿＿＿、＿＿＿＿＿＿＿＿＿＿和＿＿＿＿＿＿＿＿＿四种。

4. 固定资产的残余价值是指＿＿＿＿＿＿＿＿＿＿＿＿＿＿＿＿＿＿＿＿＿＿＿＿＿＿＿＿＿＿。

5. 采用平均年限法计提折旧，对某一项固定资产而言，每期的折旧额是＿＿＿＿＿的。

6. 双倍余额递减法的年折旧率计算公式为：＿＿＿＿＿＿＿＿＿＿＿＿＿＿＿＿＿＿＿＿＿＿＿＿＿＿＿＿＿。

选择题

1. 影响固定资产折旧的主要因素有(　　　　)。

A. 固定资产原值　　B. 固定资产的预计净残值
C. 固定资产的预计使用年限　　D. 固定资产的折旧方法

2. 按小企业制度规定，企业计提固定资产折旧的原值为“固定资产”账户的(　　　　)。

A. 当月增加额　　B. 月初账面余额
C. 月初账面余额与当月增加额之和　　D. 月末账面余额

3. 固定资产的折旧方法分为(　　　　)两大类。

A. 直线法　　B. 双倍余额递减法
C. 加速折旧法　　D. 工作量法

4. 下列应计提折旧的固定资产有(　　　　)。

A. 凡在用的房屋和机器设备　　B. 季节性和大修理停用的固定资产
C. 以租赁方式租入的固定资产　　D. 提前报废的固定资产

5. 固定资产加速折旧法贯彻了会计核算一般原则的(　　　　)。

A. 客观性原则　　B. 谨慎性原则
C. 历史成本原则　　D. 一贯性原则

6. 不用考虑预计净残值的折旧方法是(　　　　)。

A. 加速折旧法　　B. 直线法
C. 双倍余额递减法　　D. 年数总和法

判断题

1. 折旧包括了固定资产的有形损耗和无形损耗两部分。 （ ）

2. 一般来说，计提折旧应以固定资产的账面净值为基数。 （ ）

3. 计算折旧时，对固定资产的残余价值和清理费用只能人为地预先估计，因此净残值的确定带有一定的主观性。 （ ）

4. 按小企业制度规定，企业未使用的固定资产不应计提折旧。 （ ）

5. 加速折旧法的特点是前期计提折旧较少，后期计提折旧较多。 （ ）

6. 采用双倍余额递减法计提折旧时，最后两年的折旧额是相等的。 （ ）

业务题

1. 某服装公司月初有缝纫机 80 台，原始价值 16 万元，本月增加 10 台，原始价值 25 000元，本月到期报废 3 台，原始价值 63 000 元。缝纫机预计使用年限 5 年，预计净残值率 5%。

要求：采用平均年限法计算本月缝纫机的年折旧率和月折旧额。

2. 某公司数控机床原始价值 120 万元，预计净残值率 6%，预计工作总时数为 15 万个小时，本月工作 650 小时。

要求：采用工作量法计算该机床的月折旧额和月折旧率。

3. 某公司基本车间使用的电子检测设备原始价值 26.8 万元，预计使用年限 5 年，净残值率为 5%。

要求：分别采用双倍余额递减法和年数总和法对这台电子检测设备计提折旧，请计算后填列表 5－1、表 5－2。

表 5－1　　双倍余额递减法

年限	月初账面净值	年折旧率	年折旧额	累计折旧额	月末账面净值
1					
2					
3					
4					
5					

表 5－2　　年 数 总 和 法

年限	原值——净残值	尚可使用年限	年折旧率	年折旧额	累计折旧额
1					
2					
3					
4					
5					

4. 远大公司 9 月份固定资产变动情况如下：

（1）新建职工活动中心大楼一幢，造价 56 万元，现交付使用。

（2）基本生产车间增加设备一台，价值 18 万元，已投入使用。

（3）基本车间报废机床一台，价值 6.5 万元。

（4）基本车间增加载货用工具车一辆，价值 7.8 万元。

（5）新建基本生产车间一幢，造价 28 万元，现已竣工，交付生产使用。

（6）职工食堂因受外力影响，不能正常使用，本月转入报废清理，其原值为 175 600 元。

（7）公司购入上海大众小轿车一辆，价值 32 万元。

要求：

（1）填制 10 月份固定资产折旧计算表（见表 5－3）。

表 5－3　　固定资产折旧计算表

××年 10 月　　金额单位：元

使用部门及折旧计算项目		上月计提折旧额	月分类折旧率（%）	上月增加固定资产计提折旧额	上月减少固定资产计提折旧额	本月应提折旧额
建筑物类	基本车间	22 568	0.9			
	行政部门	31 250	0.9			
设备类	基本车间	16 780	1.25			
交通工具类	基本车间	1 562	1.56			
	行政部门	12 479	1.56			
合　计		84 639	…			

（2）编制计提折旧的会计分录。

习题四　固定资产后续支出、减少及清查核算练习

填空题

1. 固定资产后续支出是指企业发生的与固定资产________、________、________、________有关的支出。

2. 固定资产修理按其修理范围的大小、修理费用支出的多少、修理间隔期的长短，分为____________和________________两种。

3. 企业改建、扩建工程的方式通常有________和________两种。

4. 企业因出售、报废和毁损等原因转入清理的固定资产的价值及在清理过程中发生的清理费用和清理收入等应通过“________”账户核算。

5. 企业出售固定资产的账务处理一般包括：（1）____________；（2）____________；（3）________________；（4）________________四个基本处理步骤。

6. 固定资产盘点采用______________法。

选择题

1. 根据小企业会计制度规定，固定资产的后续支出如果使可能流入小企业的经济利益超过了原先的估计，则应将该支出计入(　　　)。

A. 固定资产的价值　　B. 管理费用

C. 制造费用　　D. 营业外收入

2. 固定资产大修理的特点有(　　　)。

A. 修理范围大　　B. 修理间隔期一般在一年以上

C. 修理费用支出多　　D. 修理次数比较多

3. 在改建、扩建工程中，取得的变价收入应记入(　　)账户。

A. “固定资产清理”　　B. “在建工程”

C. “营业外收入”　　D. “其他业务收入”

4. 企业固定资产减少的原因有(　　)。

A. 出售　　B. 报废、毁损

C. 投资　　D. 捐赠

5. 固定资产清理的净损失应记入(　　)账户。

A. “管理费用”　　B. “固定资产清理”

C. “营业外收入”　　D. “营业外支出”

6. 发生固定资产盘盈时，可直接记入(　　)账户的借方。

A. “待处理财产损溢”　　B. “固定资产”

C. “在建工程”　　D. “营业外收入”

判断题

1. 固定资产的后续支出就是对固定资产在使用过程中的保修和保养。(　　)

2. 固定资产大修理费用往往采用预提的方法。(　　)

3. 固定资产的改建、扩建是对固定资产进行的技术改造，可使固定资产在生产能力上得到提高，所以固定资产的改建、扩建又称为固定资产改良。(　　)

4. 固定资产清理过程中发生的变价收入和清理费用支出均需通过营业外收支账户进行核算。(　　)

5. 捐赠转出固定资产的净值计入管理费用中。(　　)

6. 小企业固定资产的盘盈、盘亏仍需通过“待处理财产损溢——待处理固定资产损溢”账户核算。(　　)

业务题

1. 某企业发生下列经济业务：

（1）企业对基本车间的设备进行日常修理，领用甲材料 3 000 元，增值税 510 元，工人工资 1 200 元。

（2）本月企业请物业公司对行政办公大楼进行日常维护，以银行存款支付维护费 1.2 万元。

（3）企业基本车间一台设备使用到期予以报废，该设备的原值为 35 600 元，已提折旧 33 100 元，残料变价收入 1 200 元存银行，另以银行存款支付清理费用 850 元。作如下账务处理：①设备转入清理；②收残料变价收入；③支付清理费；④结转清理损益。

（4）企业将不需用的设备向光明公司投资，设备账面原值为 36 万元，已提折旧 11.5 万元，双方确认投资价值为 24.5 万元。企业适用的增值税率为 17%。

（5）企业因生产转型，将一批不需用设备出售，该批设备的原值为85.6万元，已提折旧32.6万元，出售价格为55万元，该批设备购买时间在2009年1月1日之前，且该企业为未纳入扩大增值税抵扣范围试点的纳税人，销售款项已收存银行。

（6）企业将未使用的一辆工具车捐赠给一家民政企业，该工具车原值为52 800元，已提折旧12 800元，该企业适用的增值税率为17%。

（7）企业财产清查中盘盈电动机一台，据了解目前市场价值为5 600元，估计该设备有七成新。经研究予以登记入账。该企业适用的所得税率为25%。

（8）企业基本车间盘亏电子测试器一台，该设备原值为1.6万元，已提折旧4 800元。经调查属保管不善造成。

要求：根据以上业务编制会计分录。

2. 固定资产处置业务的核算。

（1）远大公司一台电子设备原值12.6万元，预计净残值率为5%，预计使用年限6年，该设备采用平均年限法计算折旧，现使用了3年3个月，因技术更新，公司将该设备提前申请报废。该设备残料27 200元收存材料仓库，清理费用520元以现金支付，清理结束，结转其净损益。

要求：对提前报废的电子设备进行账务处理。

（2）远大公司基本车间一台设备因洪水浸泡而毁损，该设备原值42.5万元，已提折旧114 600元，残料变价收入23 400元存银行，保险公司决定赔偿15万元，公司车间主任责任赔偿5 000元，以银行存款支付该设备清理费2 500元。

要求：对该公司毁损设备进行相关的账务处理。

第六章 DILIUZHANG

无形资产及长期待摊费用

习题一 无形资产核算练习

填空题

1. 无形资产，是指企业拥有或者控制的__________的__________非货币性资产。

2. 非专利技术不受__________，非专利技术具有__________、__________和__________等特点。

3. 企业自创商誉以及内部产生的品牌、报刊名等，不应确认为__________。

4. 根据__________原则，企业从__________的无形资产应按取得时，应按其__________计价入账。

5. 企业内部研究开发项目的支出，应当区分__________与__________。其中：研究阶段支出，应当于__________计入__________。

6. 无形资产的使用寿命可分为________和________两种状况，其中使用寿命不确定的无形资产在持有期间内__________。

7. 出售无形资产时，应将________与该项无形资产的________以及应支付的________后的差额确认为________。

8. 使用寿命有限的无形资产，应在其预计的________内采用________的方法对应摊销的金额进行摊销。其中应摊销的金额是指____________________的金额。

9. 土地使用权用于自行开发建造厂房等地上建筑物时，土地使用权的账面价值__________地上建筑物__________其成本。

10. 软件公司开发的软件产品，属于____________。

单项选择题

1. 下列事项中，不可以确认为无形资产的是（　　）。

A. 购进的专利权　　B. 专利权研发费用

C. 专利权在开发阶段满足资本化条件的支出费用

D. 投资者投入的专利权，且合同约定的价格满足公允价值

2. 某企业研究开发一项新专利，发生各种研究费用 100 万元。开发成功后申请专利权时，发生律师费及注册费等 5 万元，另发生广告费 3 万元。该项专利权的入账价值为（　　）万元。

A. 5　　B. 8　　C. 105　　D. 108

3. 企业自创研究开发无形资产时，如果无法区分研究阶段支出和开发阶段支出，下列会计处理正确的是（　　）。

A. 应当将其所发生的开发阶段支出全部费用化，应计入当期损益即管理费用

B. 应当按照一定的比例分别将研究支出和开发支出费用化和资本化

C. 应当按照一定的比例将部分研究支出计入管理费用

D. 应当将所发生的研发支出全部资本化，计入无形资产

4. 某企业出售一项 3 年前取得的专利权，该专利取得时的成本为 20 万元，按 10 年摊销，出售时取得收入 20 万元，营业税率为 5%，不考虑城市维护教育税和教育费附加，则出售该项专利时影响当期的损益为（　　）万元。

A. 5　　B. 6　　C. 15　　D. 16

5. 企业出售无形资产的净损失，应当计入（　　）。

A. 主营业务成本　　B. 其他业务支出

C. 管理费用　　D. 营业外支出

6. 接受投资者投入的无形资产，应按（　　）入账。

A. 同类无形资产的价格　　B. 该无形资产可能带来的未来现金流量之和

C. 投资合同或协议约定的价值确定　　D. 投资者无形资产账面价值

7. 下列有关无形资产转让的会计处理中，正确的是（　　）。

A. 转让无形资产使用权所取得的收入应计入营业外收入

B. 转让无形资产所有权所取得的收入应计入其他业务收入

C. 转让无形资产所有权所发生的支出应计入其他业务成本

D. 转让无形资产使用权所发生的支出应计入其他业务成本

8. 东风公司两年前购入一项专利权，实际支付的买价及相关费用共计 48 万元，该专利权的摊销年限为 5 年。本年 4 月 1 日，东风公司将该专利权的所有权对外转让，取得价款 20 万元，转让交易适用的营业税税率为 5%。假定不考虑无形资产减值准备。转让该专利权形成的净损失为（　　）万元。

A. 8.2　　B. 7.4　　C. 7.2　　D. 6.4

9. 企业在研究阶段为了开发专利技术而支付的技术人员的工资、福利费等费用，应计入（　　）。

A. 无形资产　　B. 预提费用　　C. 待摊费用　　D. 管理费用

10. 广告的目的在于维持、提高商标的价值，广告费一般应计入（　　）。

A. 无形资产　　B. 管理费用　　C. 营业费用　　D. 长期待摊费用

多项选择题

1. 下列各项，不属于无形资产的有（　　）。

A. 土地使用权　　B. 自创的商誉　　C. 专利权

D. 未注册的商标　　E. 外购的非专利技术

2. 无形资产的特点包括（　　）。

A. 无实体性　　B. 可辨认性　　C. 为使用而非出售的资产

D. 不可独占性　　E. 非货币性的资产

判断题

1. 专利技术具有经济性、机密性和动态性以及受国家法律保护等特点。（　）

2. 按照公司法的有关规定，企业只能用货币性资产对外投资，不可以用无形资产对外投资。（　）

3. 无形资产摊销的开始月份为取得无形资产的次月。（　）

4. 无形资产在确认后发生的支出，应在发生时计入当期损益。（　）

5. 企业出售的无形资产，所得价款与账面价值和有关税费后的差额应列入“其他业务收入”。（　）

6. 企业应确认自创的商誉。（　）

7. 企业原来没有入账的土地使用权，有偿转让时按规定补交的土地出让金应当作为无形资产入账。（　）

8. 企业的商誉应当作为无形资产入账。（　）

9. 企业的无形资产都应在规定的时间内摊销。（　）

10. 已计入各项损益的研究与开发费用，在相关技术依法申请专利权时，应予以转回并计入专利权的入账价值。（　）

11. 无形资产是指企业拥有或控制的可辨认非货币性资产。（　）

12. 无形资产在摊销时，当月增加的无形资产进行摊销，当月减少的无形资产不进行摊销。（　）

业务题

1. A 企业三年前从 B 企业购入一项专利的使用权，以银行存款支付买价和有关费用共计 100 万元。该专利的法定有效期限为 15 年，合同规定的有效期限为 10 年，本年 1 月 1 日，A 企业将该专利权出售给 C 企业，取得收入 90 万元存入银行，该项收入适用的营业税税率为 5%。（不考虑其他税费）

要求：（1）编制A企业购入专利权的会计分录。

（2）计算该项专利权的年摊销额并编制有关的会计分录。

（3）编制与该项专利权转让有关的会计分录并计算该项专利权的净损益。

2. A企业从当地政府购得一块土地的使用权，以银行存款支付土地出让金380万元，并在土地上兴建职工宿舍。

要求：编制会计分录。

3. 企业拥有的一项专利权，账面价值12万元，已摊销5万元，由于市场已有新的专利问世，使该项专利已无使用价值，经批准将其账面价值全部转入当期损益。

要求：编制会计分录。

4. 企业出售一专利技术使用权，该专利技术的账面价值10万元，预计使用10年，已使用2年，售价6万元，应交纳营业税1 800元，款项通过银行收讫。

要求：编制会计分录。

5. 甲公司自行研究开发一项专利技术，与该项专利技术有关的资料如下：（1）1月份，该项研发活动进入开发阶段，以银行存款支付的开发费用280万元，其中满足资本化条件的为150万元。7月1日，开发活动结束，并按法律程序申请取得专利权，供企业行政管理部门使用。(2) 该项专利权法律规定有效期为5年，采用直线法摊销。(3) 12月1日，将该项专利权转让，实际取得价款为160万元，应交营业税8万元，款项已存入银行。

要求：(1) 编制甲公司发生开发支出的会计分录。(2) 编制甲公司转销费用化开发支出的会计分录。(3) 编制甲公司形成专利权的会计分录。(4) 计算甲公司7月份专利权摊销金额并编制会计分录。(5) 编制甲公司转让专利权的会计分录（会计分录涉及的科目要求写出明细科目，答案中的金额单位用万元表示）。

习题二　长期待摊费用核算练习

填空题

1. 租入固定资产改良支出应当在________期限与预计可使用年限两者孰短的期限内________摊销。

2. 应由本期负担的借款利息、__________等，不能作为____________处理。

3. 对固定资产大修理支出采用________核算的，应当将发生的大修理费用在________________摊销。

判断题

1. 企业筹建期间为取得固定资产所发生的各项费用，应列入“长期待摊费用”账户核算。（　）

2. 企业发生的一年内可以摊销完毕的费用，应借记“待摊费用”账户。（　）

3. 租入固定资产改良支出，应在租赁期内平均摊销。（　）

4. 固定资产大修理发生的费用，应根据修理费用数额的大小和大修理间隔时间的长短确定采用“待摊费用”或“长期待摊费用”账户。（　）

业务题

B 公司对一车间进行在大修理，大修理工程发生如下费用：领用材料 2 万元，增值税率 17%；发生工资费用 5 000 元。

要求：编制会计分录。

第七章 DIQIZHANG

流 动 负 债

习题一　流动负债概述练习

填空题

1. 流动负债是指将在一年（含一年）或者________内偿还的债务。

2. 流动负债按偿还金额是否肯定，分为________、________、________和________。

3. 应付金额视经营情况而定的流动负债有________和________等。

4. 流动负债按形成方式分类，可分为________、________和________三类。

5. 流动负债通常是按________计价入账。

单项选择题

1. 将负债划分为流动负债和长期负债是根据负债的(　　)来划分的。
   A. 形成原因　B. 金额大小　C. 流动性　D. 用途

2. 下列项目中，不属于流动负债项目的是(　　)。
   A. 应交税费　B. 应付票据　C. 预付账款　D. 应付账款

3. 应付投资者的利润（应付股利）属于(　　)。
   A. 应付金额肯定的流动负债　B. 应付金额视经营情况而定的流动负债
   C. 应付金额须予以估计的流动负债　D. 或有负债

4. 下列流动负债中，因收益分配形成的有(　　)。
   A. 应付账款　B. 应付利润　C. 应交税费　D. 预提费用

5. 下列流动负债一般需要支付利息的有(　　)。
   A. 短期借款　B. 预收账款　C. 应付职工薪酬　D. 不带息应付票据

多项选择题

1. 下列项目中，(　　　　)属于流动负债。

A. 应付账款　　B. 待摊费用　　C. 长期借款　　D. 应付利润

2. 下列属于应付金额肯定的流动负债有(　　　　)。

A. 应付票据　　B. 短期借款　　C. 应付账款　　D. 应付股利

3. 在会计实务中，流动负债均按未来的应付金额（面值）计量体现了会计核算中的(　　　　)原则。

A. 及时性　　B. 重要性　　C. 谨慎性　　D. 配比

4. 下列流动负债中，(　　　　)是因营业活动形成的。

A. 应付账款　　B. 应付职工薪酬

C. 应付利润　　D. 预提费用

5. 下列流动负债中，(　　　　)是因融资活动形成的。

A. 短期借款　　B. 应付利润

C. 长期借款　　D. 预提的借款利息

判断题

1. 属于应付金额肯定的流动负债有应付票据、短期借款、应付账款、应付股利等。(　　)

2. 应付账款和预付账款都属于流动负债项目。(　　)

3. 长期负债中将于资产负债表日后的一年内偿还的部分属于流动负债。(　　)

4. 企业有些债务必须在经营期末才能以货币计量，因此，这些债务不能作为负债进行核算。(　　)

5. 短期借款、长期借款和预提的借款利息都属于融资活动形成的流动负债。(　　)

习题二　短期借款核算练习

填空题

1. 短期借款是企业向银行和其他金融机构借入的，期限在________的各种借款，企业发生的短期利息作为一项筹措费用计入____________。

2. 短期借款账户应按________设置明细账，并按__________进行明细核算。

3. 短期借款的利息结算方式分为________、________、________和________的方式。

4. 短期借款利息根据其结算方式的不同和金额的大小，有______和______两种处理方式。

5. 采用预提方式核算借款利息，反映了会计核算中的____________原则。

单项选择题

1. 短期借款的利息记入(　　)账户。

A. "财务费用"　　B. "应付利息"
C. "销售费用"　　D. "在建工程"

2. 短期借款利息采取按月预提方式的，则实际支付利息时应该(　　)。

A. 借记"财务费用"账户　　B. 借记"应付利息"账户
C. 贷记"应付利息"账户　　D. 借记"短期借款"账户

3. 下列不应列为财务费用的是(　　)。

A. 支付银行承兑手续
B. 计提带息应付票据的利息
C. 购货业务实现的现金折扣
D. 短期借款利息采用预提方式列支情况下，支付的借款利息

4. 企业2009年5月6日借入一笔为期6个月、利率为6%的短期借款100万元，采取的是按月支付利息的方式，银行每个月的21日为结息日，该企业5月份应支付的利息是(　　)元。

A. 5 000　　B. 2 500　　C. 3 000　　D. 2 600

多项选择题

1. 下列应列为财务费用的有(　　　　)。

A. 实际发生并确认的购货现金折扣　　B. 应付票据承兑的手续费

C. 带息应付票据的应付利息　　　　　　　　D. 预提短期借款利息

2. 支付短期借款利息时，可能作的会计处理是(　　　　)。

A. 借记“财务费用”账户　　　　　　　　B. 借记“应付利息”账户

C. 贷记“应付利息”账户　　　　　　　　D. 贷记“银行存款”账户

3. 短期借款的利息结算方式有(　　　　)。

A. 按月支付　　　　　　　　　　　　　　B. 按季支付

C. 按半年支付　　　　　　　　　　　　　D. 到期一次还本付息

判断题

1. 短期借款利息必须在实际支付或收到银行的计息通知时，直接计入当期损益。
(　　)

2. 一般而言，利息采用按季或按半年支付的结算方式，或是在借款到期归还本金时一并支付，且数额不大的，则应采取预提的方式来进行核算。(　　)

3. 短期借款一般是企业为维持正常的生产经营所需资金而借入的。(　　)

业务题

1. 2月1日，海华公司为了解决经营资金临时短缺的问题，向银行申请借入了为期6个月的借款80万元，利率为6%，利息采用按季度支付的方式。8月1日借款到期，公司如数归还了借款。

要求：根据上述资料，编制从2月1日到8月1日的有关会计分录。

2. 3月10日，华阳公司向银行申请借入了为期3个月的短期借款100万元，以解决生产中临时流动资金短缺的问题。该笔借款的利率为9%，采取按月支付的结息方式，每个月的21日为银行的结息日。华阳公司6月10日按时归还了该笔借款。

要求：根据上述资料，编制从3月10日到6月10日期间的有关会计分录。

习题三　应付款项核算练习

填空题

1. 应付账款的入账时间为________；应付账款应按________设置明细账，进行明细分类核算。

2. 如果购入的资产在形成一笔应付账款时是带有现金折扣的，则可分别采用________和________来进行核算，但在我国企业核算中，一般要求采用________来核算。

3. 因各种原因而无法支付的应付账款，经批准应转入________。

4. 应付票据包括________和________；按是否带息分为________和________。

5. 带息应付票据的应付利息应列为________计价入账。

6. 企业可以根据________来决定是否设置“预收账款”账户，若不设置“预收账款”账户的企业发生预收业务时，应通过________账户来核算。

7. 其他应付款是指________，具体包括________、________、________和________。

8. “应付利息”账户期末借方余额表示________；期末贷方余额表示________。

单项选择题

1. 下列项目中，不通过“应付账款”账户核算的是(　　)。

A. 应付货物负担的进项税额　　B. 应付货物的采购价款

C. 应付销货企业代垫的运杂费　　D. 应付租金

2. 企业无法支付的应付款项，经确认后，应列入(　　)账户。

A. “其他业务收入”　　B. “营业外收入”

C. “资本公积”　　D. “待处理财产损溢”

3. 预收账款业务不多的企业，可以不设置“预收账款”账户，而直接将预收的货款记入(　　)。

A. “应收账款”账户的借方　　B. “应收账款”账户的贷方

C. “应付账款”账户的借方　　D. “应付账款”账户的贷方

4. 商业承兑汇票到期无力偿还时，企业应将“应付票据”账户中的相应金额(　　)。

A. 转入“应付账款”账户　　B. 转入“短期借款”账户
C. 转入“其他应付款”账户　　D. 不进行处理

5. 对于签发并承兑的银行承兑汇票到期无法偿付的票款，企业应当进行的处理是(　　)。

A. 转作应付账款　　B. 转作短期借款
C. 不进行处理　　D. 转作其他应付款

6. 企业因购买材料等物资申请使用银行承兑汇票时，支付给承兑银行的手续费应在(　　)中列支。

A. 财务费用　　B. 管理费用
C. 原材料成本　　D. 销售费用

7. 企业期末预提应付票据利息时，应贷记的账户为(　　)。

A. “应付票据”　　B. “应付账款”
C. “预提费用”　　D. “财务费用”

8. 远达企业因采购商品开出3个月期限的商业汇票一张，该票据的票面价值为90万元，票面利率为10%。该票据到期价值是(　　)元。

A. 22 500　　B. 900 000
C. 922 500　　D. 1 170 000

多项选择题

1. 企业开出的商业承兑汇票到期，企业无力支付票款时，企业应作的会计处理是(　　)账户。

A. 借记“应付票据”　　B. 贷记“应付账款”
C. 借记“应付账款”　　D. 贷记“短期借款”

2. 带息的应付票据计提利息时，应作的会计处理是(　　)账户。

A. 借记“管理费用”　　B. 借记“财务费用”
C. 贷记“应付票据”　　D. 贷记“应付利息”

3. 下列属于其他应付款的是(　　)。

A. 存入保证金　　B. 确定无需归还的应付账款
C. 应交的个人所得税　　D. 应付未付的工资、奖金

4. 企业开出并承兑的商业汇票一张用于抵付原欠他人账款，应作的会计处理是(　　)账户。

A. 借记“应收票据”　　B. 借记“应付账款”
C. 贷记“应付票据”　　D. 贷记“应收票据”

5. 不单独设置“预收账款”账户时，企业收到客户预付的货款时应作的会计处理是(　　)账户。

A. 借记“银行存款”　　B. 贷记“预付账款”
C. 贷记“应付账款”　　D. 贷记“应收账款”

判断题

1. 银行承兑汇票到期时，若付款人无力付款，承兑银行有责任向收款人支付款项。 ( )

2. “应付票据”账户的贷方余额反映企业尚未到期应付票据本息。 ( )

3. 预收账款是企业的一项负债，所以，“预收账款”账户的期末余额一定是反映企业负债的。 ( )

4. 企业采购货物，在货物已验收入库、但发票账单尚未收到的情况下，应在月份终了按暂估价值记入“应付账款”账户。 ( )

5. 企业对于确实无法支付的应付账款应转入“营业外收入”。 ( )

业务题

1. 3月份海华公司发生以下经济业务：

(1) 3月1日，从红华公司购入原料一批，增值税专用发票注明价款20万元，增值税3.4万元，该批材料已验收入库。公司开出了一张面值为23.4万元，利率为4%，期限3个月的银行承兑汇票给红华公司。

(2) 3月12日，从华阳公司购入原材料一批，增值税专用发票注明价款4万元，增值税0.68万元，材料已验收入库，款项尚未支付。

(3) 3月15日，从利达公司购入原材料30吨，材料已验收入库，但相关单据没有收到，该材料的计划成本为每吨5 400元。

(4) 3月20日，开出一张36 000元的支票偿付欠凯维公司的货款，开出并承兑一张面值为68 800元的商业汇票偿付欠华维公司的货款。

(5) 3月24日，1月份开出的一张面值为10万元的商业汇票到期，用银行存款支付。

(6) 3月26日，销售给阳光公司一批商品，价款为65 000元，增值税为11 050元，同时收取商品包装物押金5 400元，全部款项已存入银行。

(7) 3月底，计算1日开出的带息银行承兑汇票的利息。

要求：根据上述资料，编制有关的会计分录。

2. 3月9日海华公司与远达公司签订了一份订货合同，合同金额总计58.5万元，其中货款50万元，增值税8.5万元。按合同规定，订货方远达公司预付全部款项的40%，另60%待收到货物后再支付。

(1) 3月15日，海华公司收到远达公司的预付款。

(2) 5月20日，海华公司按照合同规定将货物发出。

(3) 6月10日，海华公司收到远达公司补付的货款。

要求：根据上述资料，编制有关的会计分录。

3. 4月1日，海华公司因生产需要从利达公司租入厂房一幢，租用期一年，租赁费96万元，合同规定租赁费按季支付，公司对该厂房的租赁费采取预提的办法核算。

要求：根据上述资料，编制4月份至6月份的有关会计分录。

习题四　职工薪酬核算练习

填空题

1. 工资总额包括________、________、________、________、__________和________。
2. 工业企业最基本的工资制度是__________和________。
3. 计时工资按其计算的时间不同，可分______、______、和________三种工资形式。
4. 计件工资中的产量包括__________和__________。
5. 工资核算的原始记录主要有________、________、________和________等。

单项选择题

1. 下列项目中不组成工资总额的是(　　)。

A. 生产奖　　　　B. 技术改进奖

C. 超额计件工资　　D. 加班加点工资

2. 远达企业本期支付给职工的计时工资5万元，计件工资15万元，综合奖7万元，技术性津贴2万元，生活困难补助费8 000元，退休金12 000元。该企业本期的工资总额为(　　)元。

A. 310 000　　B. 298 000

C. 200 000　　D. 290 000

3. 下列哪一项不属于“应付职工薪酬——职工福利”的核算内容(　　)。

A. 从成本费用中提取的应付福利费　　B. 支付职工生活困难补助费

C. 支付职工浴室管理人员的工资　　D. 计提职工教育经费

4. “应付职工薪酬”账户的贷方余额表示(　　)。

A. 应付未付的职工薪酬　　B. 本期已付的职工薪酬

C. 多付的职工薪酬　　D. 本期应付的职工薪酬

5. 下列不属于职工薪酬的是(　　)。

A. 住房公积金　　B. 工会经费和职工教育经费

C. 退休金　　D. 非货币性福利

6. 下列表述正确的是(　　)。

A. 计时工资制下，日工资按30天计算的，双休日和法定节假日不付工资

B. 计时工资制下，日工资按20.92天计算的，双休日和法定节假日照付工资

C. 计时工资制下，日工资按30天计算的，缺勤期间的双休日和节假日不计扣工资

D. 计时工资制下，日工资按20.92天计算的，缺勤期间的双休日和节假日不计扣工资

多项选择题

1. 职工福利费包括(　　)。

A. 职工生活困难补助费　　B. 医务、福利部门人员工资

C. 职工医药费　　D. 物价补贴

2. 企业分配工资费用时，可能借记的账户有(　　)。

A. “生产成本”　　B. “制造费用”　　C. “管理费用”　　D. “销售费用”

3. 工资总额包括的内容有(　　)。

A. 奖金　　B. 工资性津贴　　C. 计件工资　　D. 计时工资

4. 按国家规定，职工加班加点应根据情况按照标准工资的(　　)计算支付工资。

A. 1.5倍　　B. 2倍　　C. 2.5倍　　D. 3倍

5. 发放工资时，如有职工未领工资，应作的会计处理是(　　)账户。

A. 借记“库存现金”　　B. 贷记“应付职工薪酬——工资”

C. 借记“应付职工薪酬——工资”　　D. 贷记“其他应付款”

6. 下列支出中，应计入管理费用的有(　　)。

A. 行政管理人员的工资　　B. 车间管理人员的工资

C. 医务福利人员的工资　　D. 长病假人员的工资

判断题

1. 计件工资是根据完成产品数量和规定的计件单价计算的，这里的产品数量应为实际完成的合格品数量。（　）

2. 企业日工资是按工作日数 20.92 天计算的，各月内的双休日、法定节假日不计工资，因而，缺勤期间的双休日、节假日也不扣工资。（　）

3. 计件工资是根据完成产品数量和规定的计件单价计算工资的，这里的产品数量应为实际完成的合格品数量。（　）

4. 企业支付的一切奖金、津贴、福利补助、退休金均组成工资总额，都应通过“应付职工薪酬”账户核算。（　）

5. 工资总额中包括的奖金有生产奖、节约奖、劳动竞赛奖及创造发明奖。（　）

业务题

1. 海华公司 6 月份职工的出勤状况、生产状况的有关信息如表 7－1 所示。公司采用月薪制计算计时工资，并按每月 30 天为计算标准。公司生产的产品工时定额为 10 分钟，级别为高级的工人小时工资率为 5 元，中级的工人小时工资率为 4 元，初级的工人小时工资率为 3 元。个人所得税的每月费用扣除标准为 1 600 元，采用的是超额累进税率，减除费用标准后，不超过 500 元的部分，税率为 5%，超过 500 元到 2 000 元的部分，税率为 10%。

表 7－1　　　　**职工工资发放表**

部门	人员类别	职工	级别	产量（件）	标准计时工资	缺勤天数	计时工资	计件工资	奖金	补贴津贴	应付工资	代扣房租	代扣个人所得税	实发工资
管理部门	管理	姜海	—	—	2 500	—		—	200	300		100		
		陈爽	—	—	2 700	3		—	200	200		100		
生产部门	管理	李明	—	—	1 800	—		—	150	180		80		
	工人	严寒	高级	720	900	2			100	100		60		
		刘华	中级	660	600	—			100	100		60		
		宋飞	初级	600	400	—			100	100		60		
机修部门	管理	张玉	—	—	1 800	1		—	150	180		80		
	工人	郭怀	—	—	1 200	—		—	100	100		60		
		马得	—	—	1 200	—		—	100	100		60		

要求：

（1）根据上述资料，计算出每个职工的计时工资、生产部门工人的计件工资，并完成职工工资发放表的填列。

（2）根据职工工资发放表的有关金额提取现金并发放工资，据此编制有关的会计分录。

（3）根据完成后的职工工资发放表编制下列工资分配表（见表7－2），并编制有关的会计分录。

表7－2

部门	人员类别	应付工资合计	工资记入的会计科目	计提的福利费	应付福利费记入的会计科目
管理部门	管理人员				
生产部门	生产工人				
	管理人员				
机修部门	生产工人				
	管理人员				
合计					

2. 远达公司发生有关职工福利费等其他职工薪酬的经济业务如下：

（1）公司以现金支付职工王伟生活困难补助800元。

（2）以现金支付解除劳动合同职工李明按规定应付的辞退补贴5 000元。

（3）组织单位职工进行专业技术培训，以银行存款支付培训费用3 500元。

（4）公司组织工会活动支出经费1.2万元，开出一张转账支票支付。

（5）本月职工工资总额为12万元，其中生产工人工资8万元，车间管理人员工资7 000元，厂部管理人员工资1万元，在建工程人员工资1.1万元，专设销售机构人员工资5 000元，无形资产开发人员工资7 000元。按14%计提职工福利费、按2%计提工会经费、按1.5%计提职工教育经费，按20%计提社会保险费。

要求：根据以上业务编制会计分录。

习题五　应交税费核算练习

填空题

1. 属一般纳税人的企业，“应交增值税”明细账户应设置的专栏有：__________、__________、__________、__________、__________、减免税额、出口退税、转出多交增值税和出口抵减内销产品应纳税额等。

2. 小规模纳税人的企业，实行简易办法计算应纳增值税额，购入材料的增值税应列为______________。

3. 企业在计算应交所得税时，产生了永久性差异和时间性差异，在会计核算中可以采用__________和__________两种不同的方法进行处理。对于小企业而言，应采用__________方法来核算。

4. ____________和____________都是根据企业当期实际缴纳的增值税、消费税和营业税的金额的一定比例计算的。

5. 企业缴纳的__________是不通过“应交税费”账户核算的，发生时直接计入__________。

单项选择题

1. 远达企业收购免税农产品，实际支付的价款为2万元，按规定买价的13%准许抵扣，则购进存货的成本是(　　)元。

A. 20 000　　B. 17 400　　C. 22 000　　D. 16 600

2. 在建工程领用外购的原材料，其计算的应交增值税应记入(　　)账户。

A. “应交税费——应交增值税（销项税额）”

B. “应交税费——应交增值税（进项税额）”

C. “应交税费——应交增值税（进项税额转出）”

D. “应交税费——应交增值税（转出未交增值税）”

3. 华阳公司是一个小规模纳税企业，本期购入原材料验收入库，其采购取得增值税专用发票记载原材料价格为2万元，增值税3 400元。该企业当期产品销售额为（含增值税，征收率3%）63 200元，则该企业当期应该缴纳的增值税为(　　)元。

A. 3 400　　B. 177.36　　C. 3 792　　D. 1 840.78

4. 工业企业销售应税消费品应缴纳的消费税应借记(　　)账户，贷记“应交税费——应交消费税”账户。

A. “其他业务成本”　　B. “管理费用”
C. “主营业务税金及附加”　　D. “主营业务成本”

5. 委托加工应纳消费税产品收回后，用于继续加工生产应纳消费税产品的，由受托方代扣代交的消费税应记入(　)账户。

A. “生产成本”　　B. “应交税费”
C. “委托加工物资”　　D. “主营业务成本”

6. 下列属于应交增值税“进项税额转出”的是(　)。

A. 在建工程领用库存商品应计列的增值税额
B. 对外投资转出库存商品应计列的增值税额
C. 医务福利部门领用库存材料应计列的增值税额
D. 购进免税农产品应计列的增值税额

7. 下列税金应记入“主营业务税金及附加”账户的是(　)。

A. 应缴纳的增值税　　B. 主营业务应缴纳的城市维护建设税
C. 应缴纳的房产税　　D. 租赁业务应缴纳的营业税

8. “应交税费”账户的借方余额表示（　）。

A. 多交的税费　　B. 尚未缴纳的税费
C. 多交或尚未抵扣的税费　　D. 尚未抵扣的税费

9. 企业缴纳当月增值税，应通过(　)账户核算。

A. “应交税费——应交增值税（已交税金）”
B. “应交税费——应交增值税（转出未交增值税）”
C. “应交税费——应交增值税（进项税额转出）”
D. “应交税费——应交增值税（转出多交增值税）”

10. 某企业为增值税一般纳税企业，适用的增值税税率为17%，购进货物一批，价税合计585万元，运输过程中的保险费2万元，运杂费1万元。则该批货物的采购成本为(　)万元。

A. 500　　B. 503　　C. 502.93　　D. 585

多项选择题

1. 下列各种税金中，应通过“应交税费”账户核算的有(　)。

A. 印花税　　B. 资源税　　C. 土地增值税　　D. 房产税

2. 一般纳税企业进行增值税核算时，下列经济业务中应作“进项税额转出”的有(　)。

A. 在建工程领用生产材料　　B. 购进工程用物资
C. 购进货物入库后发生非正常损失　　D. 辅助生产部门领用材料

3. 下列各项税金中，可通过“主营业务税金及附加”账户核算的有(　)。

A. 消费税　　B. 营业税
C. 资源税　　D. 城市维护建设税

4. 下列各项税金中，应在管理费用中列支的有(　　　　)。

A. 土地使用税　　　　B. 土地增值税

C. 车船使用税　　　　D. 个人所得税

5. 企业根据实际缴纳的增值税、营业税和消费税之和计算的应交税费有(　　　　)。

A. 城市维护建设税　　　　B. 教育费附加

C. 车船使用税　　　　D. 土地增值税

6. 企业下列行为中，应视同销售，必须计算缴纳增值税的有(　　　　)。

A. 对外投资货物　　　　B. 销售代销货物

C. 委托他人保管货物　　　　D. 委托他人代销货物

7. 企业应交营业税可能列支的账户有(　　　　)。

A. “主营业务税金及附加”账户　　　　B、“管理费用”账户

C. “其他业务成本”账户　　　　D. “固定资产清理”账户

8. 计算城市维护建设税的基数包括的流转税有(　　　　)。

A. 应交增值税　　　　B. 应交消费税

C. 应交营业税　　　　D. 应交资源税

9. 下列支付的税金当中，应计入所购货物的成本的有(　　　　)。

A. 小规模纳税人购入生产用原材料所支付的增值税

B. 一般纳税人购入固定资产时，增值税专用发票上注明的增值税

C. 购入货物时所支付的价款中包含的消费税

D. 一般纳税人购入材料未取得专用发票所支付的增值税

10. 按税法规定，下列项目中，可按一定方法计算进项税额，并准予从销项税额扣除的有(　　　　)。

A. 购入生产免税产品的物资

B. 购入免税农产品

C. 收购废旧物资

D. 由企业负担的购入商品支付的长途运输费，并取得运输公司的运输发票

判断题

1. 小规模纳税企业购买货物或接受劳务时，如果取得增值税专用发票，其所支付的增值税额，应记入“应交税费——应交增值税”账户借方。（　　）

2. 一般纳税企业将所购原材料对外投资视同销售，应缴纳的增值税额记入“应交税费——应交增值税（销项税额）”账户。（　　）

3. 一般纳税企业“应交税费——应交增值税”账户月末如有余额，其余额可能在借方，也可能在贷方。（　　）

4. 委托加工的应税消费品，若收回后用于连续加工应税消费品，由受托方代扣代交的消费税应计入委托加工货物的成本。（　　）

5. 应交税费是指企业按国家税法规定应缴纳的各种税金，企业应交的各种税金均应通

过“应交税费”账户核算。（ ）

6. 一般纳税人企业购进货物支付或负担的增值税额均可列为进项税额，从销项税额中抵扣。（ ）

7. 企业在建工程领用库存材料和领用本企业产品，其应缴纳或应负担的增值税都属于“进项税额转出”。（ ）

8. 企业应交增值税是列入“应交税费——应交增值税”账户的；应交营业税、应交城市维护建设税是列入“主营业务税金及附加”账户的。（ ）

9. 增值税是价外税，所以，企业购入存货支付的增值税均不计入购入存货的成本。

（ ）

10. 企业代扣代缴的个人所得税属于代缴性质，应作为其他应付款处理，不应通过“应交税费”账户核算。（ ）

业务题

1. 海华公司为一般纳税人，5 月份公司发生以下经济业务：

（1）从华阳公司购入材料一批，增值税专用发票上注明货款 3 万元，增值税 5 100 元。材料已入库，货款尚未支付。

（2）购入农产品一批，实际支付价款 6 500 元。货款已付，农产品已验收入库。

（3）从小规模纳税企业购入材料一批，价款 45 000 元，企业开出商业承兑汇票一张，材料已入库。

（4）在建工程领用材料用于工程建设，实际成本 50 万元。该材料的原进项税为 85 000 元。

（5）公司转让商标权的所有权，转让所得价款 15 万元存入银行。该商标权的账面价值为 75 000 元。

（6）销售一批产品给华阳公司，货款为 4 万元，增值税为 6 800 元，货款尚未收到。

（7）用本公司生产的产品对外投资，双方协议按成本作价，该批产品的成本为 45 万元，计税价格为 60 万元，适用增值税税率为 17%。

（8）销售一批应交消费税的商品，该批商品的不含税的销售价款为 32 万元，增值税税率为 17%，适用的消费税税率为 10%。货款已收到，存入银行。

（9）公司因签订合同需要，购入印花税票 50 元。

（10）用银行存款缴纳增值税 45 000 元和应缴纳的营业税及消费税。

（11）计算并缴纳本月应交的城市维护建设税与教育费附加。公司所在地区适用的城市维护建设税的税率为 7%，教育费附加征收率为 3%。

要求：根据上述资料编制有关的会计分录。

2. 海华公司是一般纳税人企业，适用的增值税税率为17%，材料采用实际成本进行日常核算。公司5月31日“应交税费——应交增值税”账户借方余额为5 000元，该借方余额均可从下月的销项税额中抵扣。6月份发生以下经济业务：

(1) 购买原材料一批，增值税专用发票上注明价款为8万元，增值税为13 600元，材料已验收入库，款项已付。

(2) 用原材料对外投资，双方协议按成本作价，该批原材料的成本为5万元，计税价格为7万元。

(3) 销售给华阳公司产品一批，销售价格为46 800元（含增值税），实际成本为36 000元，货款已收到，存入银行。

(4) 工程领用本公司生产的应交消费税产品，消费税税率为10%，该产品成本为500万元，计税价格为700万元。

(5) 月末盘亏原材料一批，该批原材料的实际成本为10万元，增值税为17 000元。

(6) 用银行存款缴纳本月增值税10万元和应缴纳的消费税。

(7) 月末结转，将本月应交未交增值税转入“未交增值税”明细账户。

要求：

(1) 根据上述资料，编制有关的会计分录。

(2) 计算本月“应交税费——应交增值税”（进项税额、销项税额、已缴税金、未缴（多缴）增值税）金额。

3. 利华公司是增值税小规模纳税人企业，增值税征收率为3%，存货按实际成本计价核算。本月发生有关增值税的经济业务如下：

(1) 购入原材料一批，增值税专用发票注明货款5万元，增值税8 500元。款项以银行存款支付，材料已验收入库。

(2) 以存款支付委托加工材料的加工费2 000元，增值税340元，取得增值税专用发票。

(3) 销售给华阳公司产品一批，含税销售收入20 600元，开出普通发票，款项尚未收到。

要求：根据上述资料，编制有关会计分录。

第八章 DIBAZHANG

长期负债

习题一 长期负债概述练习

填空题

1. 长期负债与流动负债相比，具有____________、____________、____________的特点。

2. 长期负债主要包括____________、____________和____________三项内容。

3. 长期负债按照筹集方式的不同可分为____________、____________、____________和____________四类。

4. 长期负债按照偿还方式不同分类，可分为____________、____________两类。

5. 当举债经营的投资利润____________长期负债的利率时，举借长期负债会增加企业的利润。

判断题

1. 各种长期负债账户所记的数额，在资产负债表中不一定都作为长期负债列示。（ ）

2. 长期负债是指偿还期限在一年或超过一年的一个营业周期以上的债务，所以超过一年未偿还的应付账款、短期借款等也应列为长期负债。（ ）

3. 区分流动负债和长期负债的标志是举债的期限和还本付息的方式。（ ）

4. 由于长期负债产生的利息作为一项费用有着抵税功效，所以举借长期负债在一定程度上降低了企业的筹资成本。（ ）

5. 当长期负债的利率低于举债经营的投资利润率时，举借长期负债将会减少投资者的利益。（ ）

习题二　长期借款核算练习

填空题

1. 借款费用的内容包括__________、__________、__________和__________。

2. 借款费用有两种处理方法：一是__________，二是__________；生产经营期间的借款费用除为购建固定资产的专门借款所发生的外，其他的均直接计入__________。

3. 企业为购建固定资产而借入的专门借款所发生的借款费用，在所购建固定资产达到__________所发生的，应当予以资本化，计入__________；在所购建的固定资产达到预定可使用状态后所发生的，应于发生时直接计入当期__________。

4. 企业无需偿还的长期借款，应直接转入__________。

5. 企业在筹建期间发生的借款费用（按规定计入固定资产价值的除外），作为__________，记入“__________”账户。

单项选择题

1. 长期借款的应计利息通过(　　)账户进行核算。

A. “应付利息”　　B. “应付账款”

C. “长期待摊费用”　　D. “长期借款”

2. 企业因安排专门借款而发生的金额较大的辅助费用，在所购建固定资产达到预定可使用状态之前发生的，在发生时应借记(　　)账户。

A. “财务费用”　　B. “在建工程”

C. “固定资产”　　D. “管理费用”

3. 属于筹建期间长期借款发生的除专项用于购建固定资产以外的借款费用，应列为(　　)。

A. “管理费用”　　B. “销售费用”

C. “财务费用”　　D. “长期待摊费用”

4. 下列应付借款利息中，应予以资本化的是(　　)。

A. 为生产经营活动而发生的长期借款利息

B. 短期借款的应付利息

C. 筹建期间发生的长期借款利息

D. 为购建固定资产而借入的长期借款的利息

5. 长期借款的利息及外币折算差额均应记入(　　)。

A. “营业外支出”账户　　　　　　　　B. “其他业务成本”账户
C. “长期借款”账户　　　　　　　　　D. “其他应付款”账户

多项选择题

1. 借款费用包括(　　　　)。
A. 借款的本金　　　　　　　　　　B. 因借款而发生的利息
C. 因外币借款而发生的汇兑差额　　D. 长期债券的发行费用

2. 企业在生产经营期间，为购建固定资产而发生的长期借款费用可能借记的账户有(　　)。
A. “长期待摊费用”　　　　　　　B. “财务费用”
C. “在建工程”　　　　　　　　　D. “管理费用”

3. 下列构成长期负债费用的项目有(　　　　)。
A. 外币借款产生的汇兑差额
B. 外币借款利息
C. 在借款过程中发生的手续费
D. 发行债券所产生的溢价或折价的摊销

4. 借款费用可能列支的账户有(　　　　)。
A. “财务费用”　　　　　　　　　B. “长期待摊费用”
C. “在建工程”　　　　　　　　　D. “销售费用”

5. 长期负债费用开始资本化应满足的条件是(　　　　)。
A. 资产支出已经发生
B. 借款费用已经发生
C. 建设工程已经完工
D. 为使固定资产达到预定可使用状况所必要的购建活动已经开始

6. 下列借款费用中，属于借款辅助费用的有(　　　　)。
A. 借款承诺费　　　　　　　　　　B. 外币借款汇兑损失
C. 发行债券的手续费　　　　　　　D. 借款佣金

判断题

1. 借款费用资本化是指借款费用在资产负债表中作为购置某项资产的一部分历史成本。(　　)

2. 凡是在筹建期间发生的长期借款利息费用均计入长期待摊费用。(　　)

3. 企业在生产经营期间为购建固定资产，并且在资产达到预定可使用状态之前发生的长期借款利息应借记“在建工程”账户。(　　)

4. 企业计提长期借款利息时，应借记“财务费用”或“在建工程”等账户，贷记“预

提费用”账户。（ ）

5. 企业在正常经营期内，除购建固定资产的专门借款以外所发生的借款费用，应计入当期损益。（ ）

6. 长期借款基本上以实际取得的金额与其使用期间发生的利息之和来计价入账。（ ）

业务题

海华公司上年1月1日与建设银行签订贷款协议，借入一笔为期1年半的借款300万元，年利率6%，本息于到期日一次支付。该借款专门用于修建公司新建的办公楼。该办公楼于上年1月1日开工修建，上年12月31日竣工交付使用。

要求：根据上述资料，编制上年1月1日到本年6月30日的有关会计分录。

习题三　长期应付款核算练习

填空题

1. 长期应付款包括＿＿＿＿＿、＿＿＿＿＿。
2. “长期应付款”账户应按＿＿＿＿＿设置明细账进行核算。
3. 补偿贸易是＿＿＿＿＿＿＿＿＿＿的一种贸易方式。
4. 我国规定开展补偿贸易的企业，补偿期内免缴＿＿＿＿＿＿＿的流转税。
5. 在融资租赁合同中如规定租赁期满设备的所有权转归承租企业，则承租企业在租赁期满时，应将＿＿＿＿＿＿转入＿＿＿＿＿＿。

单项选择题

1. 补偿贸易引进设备所形成的负债，在资产负债表上应包括在(　　)项目内。

A. 应付账款　　B. 其他应付款

C. 长期借款　　D. 长期应付款

2. 企业用引进设备所生产的产品直接抵偿应付补偿贸易引进设备款时，借记“长期应付款”账户，贷记(　　)账户。

A. “其他业务收入”　　B. “银行存款”

C. “库存商品”　　D. “应收账款”

3. 企业采用补偿贸易方式从国外引进设备一台，设备价款20万美元，国外运杂费2万美元，当日市场汇率为1美元∶8元人民币；以人民币借款支付进口关税10万元，支付国内运杂费4万元，应记入“长期应付款”的金额为(　　)万元。

A. 160　　B. 176　　C. 186　　D. 190

4. 应付引进设备款和(　　)属于“长期应付款”账户核算的项目。

A. 长期经营租赁的租赁费用　　B. 购入固定资产暂未支付的货款

C. 应付融资租赁款　　D. 到期不能支付的应付票据款

5. 关于融资租赁和经营租赁，下列说法正确的是(　　)。

A. 融资租赁和经营租赁的区别在于租赁期限的长短

B. 融资租赁和经营租赁都要支付租赁费，但两者在会计处理上是不同的

C. 融资租赁和经营租赁租入的固定资产租赁企业都要计提累计折旧

D. 融资租赁和经营租赁期满后的会计处理是相同的

判断题

1. 企业采用补偿贸易的方式引进国外设备时，应付设备价款及国外运杂费等记入“长期应付款”账户的贷方。(　　)

2. 应付融资租赁款与融资租入固定资产的入账价值相一致。(　　)

3. 企业用引进设备生产的产品偿还应付引进设备款时，应作为销售进行会计处理，但不涉及增值税。(　　)

4. 融资租赁与经营租赁的区别在于租赁期限的长短。(　　)

5. 通常情况下，补偿贸易引进设备和融资租入固定资产都是使用在前，支付款项在后。(　　)

业务题

1. 海华公司3月份采用补偿贸易方式从国外科恩公司引进设备一套，价款折合人民币300万元，用银行垫款支付进口关税25万元和运杂费及安装费4.5万元。安装完毕后，投入使用。第一批生产产品2 000件，单位售价280元，单位产品成本200元，全部用于还款。

要求：根据以上资料编制有关会计分录。

2. 海华公司4月1日采用融资租赁方式租入一台需要安装的设备，设备价款250万元。按租赁合同规定，租期5年，年利率6%，利息同设备的价款一起于每年年末分五次等额付清。租赁期满，固定资产的所有权归海华公司所有，融资租入设备发生的运输费、保险费、安装调试费共计2万元已用银行存款支付，该设备在6月30日交付使用。

要求：根据以上资料编制海华公司从租入设备到租赁期满时有关的会计分录。

第九章 *DIJIUZHANG*

费用和生产成本

习题一 费用和生产成本概述练习

填空题

1. 生产费用是指____。

2. 产品成本是____。

3. 费用按经济内容分为__________、__________、__________、__________、__________、__________、__________、__________；并将按此分类的结果称为__________。

4. 费用按经济用途分为：（1）______________________________；（2）______________________________。

5. 按费用和产量之间的关系，将费用分为______________________________和____________________。

6. 正确划分各种费用支出的界限主要包括：（1）____________________；（2）____________________；（3）____________________；（4）____________________；（5）____________________。

选择题

1. 下列属于费用的是（ ）。

   A. 材料费　　B. 罚款支出

   C. 工资费　　D. 废品损失

2. 下列属于生产费用的是（　　）。

   A. 生产产品领用的材料　　B. 行政管理人员的工资

   C. 基本生产车间的水电费　　D. 银行手续费

3. 下列费用要素是按费用经济性质分类的有（　　）。

A. 直接材料　B. 外购动力　C. 工资　D. 折旧费

4. 下列费用项目是按费用经济用途分类的有（　　）。

A. 外购材料　B. 直接人工　C. 管理费用　D. 财务费用

5. 产品成本计算的三种基本方法是（　　）。

A. 分批法　B. 分类法　C. 分步法　D. 品种法

6. “生产成本”总分类账户下设的明细分类账户是（　　）。

A. “基本生产成本”　B. “制造费用”

C. “辅助费用”　D. “辅助生产成本”

判断题

1. 产品价格是产品成本决策的直接依据。（　）

2. 费用又称为生产经营管理费用，其包括了为生产产品发生的生产费用，也包括了直接计入当期损益的经营管理费用，同时也包括了各种损失。（　）

3. 费用按经济性质分类，可以反映出企业各时期各种费用的支出结构和水平，但不能反映出费用的开支是否合理。（　）

4. 工业企业成本项目的设置可根据企业自身的需要进行适当调整，例如，企业燃料动力费用在产品成本中占的比例较大，企业可单设“燃料和动力”成本项目，否则可将此费用并入“制造费用”项目中。（　）

5. 成本计算对象就是为计算成本而确定的归集生产费用的对象，因此成本计算对象决定了成本计算的方法。（　）

6. “基本生产成本”明细分类账户可按产品品种、批别或生产步骤开设多栏式生产成本明细账。（　）

业务题

远大公司5月份发生下列支出：

1. 领用材料36.8万元，其中生产产品用36万元，基本车间用5 000元，行政管理部门用3 000元。

2. 工资总额为6.9万元，其中生产工人工资5万元，基本生产车间管理人员工资4 000元，行政管理人员工资7 000元，专设销售机构人员工资5 000元，医务福利人员工资3 000元。

3. 折旧费、水电费、修理费、办公费等18 600元，其中基本生产车间6 000元，行政管理部门8 600元，专设销售机构4 000元。

4. 支付当月借款利息3 000元，银行手续费125元。

5. 因未按时送报地税申报表罚款500元；超经营范围经营商品被工商管理局罚款3 000

元。

6. 预付5、6、7月份的财产保险费1.2万元。

要求计算下列项目：

(1) 远大公司5月份支出总额 =

(2) 远大公司5月份生产经营费用总额 =

(3) 远大公司5月份生产费用总额 =

(4) 远大公司5月份当期损益总额 =

(5) 远大公司5月份的损失总额 =

通过区分上述费用，自己进行学习总结。

习题二　费用要素核算练习

填空题

1. 工业企业生产经营中消耗的材料主要包括__________、__________、__________、__________、__________等。

2. 材料定额耗用量比例法的计算步骤分为四步，具体为：(1)__________；(2)__________；(3)__________；(4)__________。

3. 列出材料定额费用比例法的计算公式：(1)__________；(2)__________；(3)__________。

4. 列出材料定额耗用量比例法的计算公式：(1)__________；(2)__________；(3)__________；(4)__________。

5. 企业发生的外购动力费应按________________________进行归集和分配。

6. 企业发生的折旧费应按照固定资产的________________________进行归集和分配。

选择题

1. 工业企业需要归集和分配的要素费用主要有(　　)。

A. 材料或燃料　　B. 外购动力

C. 工资及福利费　　D. 折旧费

2. 不单设“燃料”账户的企业，燃料费用应在(　　)账户中核算。

A. “周转材料”　　B. “应付账款”　　C. “制造费用”　　D. “原材料”

3. 工业企业的外购动力费用主要有（　　）。

A. 电力费　　B. 水力费　　C. 蒸汽费　　D. 修理费

4. 工业企业的外购动力费用，在有仪表记录的情况下，可按仪表显示的数量进行分配；在没有仪表记录的情况下，则可以(　　)为标准进行分配。

A. 机器工时　　B. 生产工时　　C. 定额耗用量　　D. 定额比例

5. 为生产多种产品发生的工资费用，一般可以(　　)为标准进行分配。

A. 产品生产工时　　B. 产品直接耗用原材料比例

C. 机器工时　　D. 生产工人人数

6. 按福利人员提取的福利费应记入(　　)账户的借方。

A. “应付职工薪酬——职工福利”　　B. “营业外支出”

C. “管理费用”　　D. “其他应收款”

判断题

1. 按要素费用归集和分配的原则，为一种产品或部门发生的费用可直接归集；为多种产品或部门发生费用应按一定的标准进行分配。（　　）

2. 一般来讲，多种产品耗用一种材料时，可采用定额费用比例法对共同耗用的材料进行分配；多种产品耗用多种材料时，可采用定额耗用量比例法对共同耗用的材料进行分配。（　　）

3. 单设“燃料”账户的工业企业，产品所耗的燃料费用可记入“燃料和动力”项目中。（　　）

4. 为辅助生产部门提供的外购动力费在归集分配时可记入“生产成本”账户。（　　）

5. 产品耗用的外购动力费应计入直接材料项目。（　　）

6. 各项要素费用的归集和分配都应根据要素费用原始资料编制相应的费用分配表。（　　）

业务核算题一

(一) 练习材料费用的归集和分配

1. 远大公司5月份生产A、B两种产品，共同领用甲材料124 550元、乙材料226 450元。本月生产A产品500件、B产品800件。A产品单位消耗甲材料定额3千克、乙材料2千克；B产品单位消耗甲材料定额4千克、乙材料5千克。甲材料每千克25元，乙材料每千克35元。要求采用定额费用比例法分配计算甲、乙材料的费用。

计算：

(1) A产品耗用材料定额费用 =

(2) B产品耗用材料定额费用 =

(3) 材料费用分配率 =

(4) A产品应分配材料费用 =

B产品应分配材料费用 =

2. 远大公司5月份第一基本生产车间生产C产品和D产品，领用丙材料55 200千克，丙材料每千克30元；本月生产C产品1 200件、D产品1 500件，C产品单位消耗丙材料定额为15千克，D产品单位消耗丙材料定额为20千克。另外C、D产品及相关生产经营管理部门直接领用丙材料的情况如下：C产品24 000元，D产品2万元，机修车间1 825元，供电车间1 400元，第一基本生产车间2 025元，第二基本生产车间1 450元；行政管理部门560元。

要求：

(1) 列出算式，采用定额耗用量比例法分配材料费用。

①C产品材料定额耗用量 =

②D产品材料定额耗用量 =

③材料费用分配率 =

④C产品应分配材料费用 =

⑤D产品应分配材料费用 =

(2) 填列材料费用分配表（见表9－1）。

表9－1 **材料费用分配汇总表**

××年5月

产品或部门	产量（件）	共同耗用原材料的分配（材料单位：千克）				直接耗用材料	耗用材料总计
		单耗定额	定额耗用量	分配率	应分配材料费		
C产品							
D产品							
小 计							
第一基本车间							

续表

产品或部门	产量（件）	共同耗用原材料的分配（材料单位：千克）				直接耗用材料	耗用材料总计
		单耗定额	定额耗用量	分配率	应分配材料费		
第二基本车间							
机修车间							
供电车间							
行政管理部门							
合　　计							

（3）根据上述“材料费用分配汇总表”编制会计分录。

（二）练习外购动力的归集和分配

1. 宏伟公司5月份支付蒸汽费为36 800元，仪表记录用蒸汽量为2 300立方米，其中生产产品用2 000立方米（用于生产甲、乙、丙产品），基本生产车间一般耗用300立方米。

要求：

（1）计算每立方米蒸汽的成本。

（2）按产品工时分配甲、乙、丙产品应承担的蒸汽费用。甲、乙、丙产品的生产工时分别为1 200、1 100和900工时。

（3）当月发生的蒸汽费用已通过银行存款支付，编制蒸汽费用分配的相应会计分录。

2. 远大公司5月份电费25 976元，总用电量30 560度，其中生产A、B产品用电16 500度（按A、B产品生产工时分配，见表9－2）；第一基本生产车间生产及照明用电4 200度；第二基本生产车间生产及照明用电2 800度；机修车间用电3 100度；供电车间用电960度；行政管理用电3 000度。

要求：计算填列外购动力费用分配表（表9－2）并编制会计分录，此项费用尚未支付。

表 9－2 外购动力费用分配表

××年5月

产品或部门	计量单位	耗用量	单价	发生动力费用	共同耗费动力费分配		
					生产工时	分配率	分配费用
A产品	度				1 000		
B产品	度				870		
小　计	—				1 870		
第一基本车间	度						
第二基本车间	度						
机修车间	度						
供电车间	度						
行政管理	度						
合　计	—						

编制会计分录：

（三）练习工资及福利费用的归集和分配

远大公司5月份工资总额为184 000元，其中生产A、B产品的生产工人工资为112 200元（按其生产工时分配，A、B产品工时分别为1 000和870工时）；第一基本生产车间管理人员工资21 800元；第二基本生产车间管理人员工资15 000元；机修车间人员工资8 000元；供电车间用7 000元；行政管理16 150元；医务福利部门人员工资3 850元。

要求：

（1）计算填列工资及福利费用分配表（见表9－3）。

表 9－3 工资及职工福利费分配表

××年5月

产品或部门	生产工时	应分配工资		应提取福利费（14%）	合　计
		分配率	分配额		
A产品					
B产品					
小　计					
第一基本车间					

续表

产品或部门	生产工时	应分配工资		应提取福利费（14%）	合　计
		分配率	分配额		
第二基本车间					
机修车间					
供电车间					
行政管理					
医务福利部门					
合　计					

（2）编制工资及职工福利费分配的会计分录（职工福利费按工资总额的14%计提）。

业务核算题二

1. 华夏中等职业技术学校2007级会计（三）班拟定做班服，班级共有45人。按班级学生身高，班服分为大、中、小三种规格，经裁剪师傅实际测量，45套服装中，大号15套，每套需要用布8尺；中号22套，每套需要用布7尺；小号8套，每套需要用布6.5尺。裁剪师傅共买布374.9尺，每尺30元。

要求：用所学过的分配方法计算该班大、中、小号班服每套应分摊的布料款。

2. 华东钢铁集团公司本月耗用焦炭486 000元，本月生产特种钢3 000吨，生产生铁8 000吨。按公司规定定额，每吨特种钢消耗焦炭30元，每吨生铁消耗焦炭12元。

要求：请你为华东钢铁集团公司计算分配耗用的焦炭费用，并做出分配的会计分录。因该公司焦炭消耗量较大，公司财务单设“燃料”账户核算。

习题三　综合费用核算练习

填空题

1. 工业企业的综合费用主要包括__________、__________、__________和__________等。
2. 工业企业的辅助生产是__________。
3. 辅助生产费用的分配方法有__________和__________。

选择题

1. 在工业企业中，“应付利息”核算的内容是(　　)。
   A. 预付财产保险费　　B. 预提借款利息
   C. 支付的固定资产大修理费用　　D. 计提折旧费
2. 工业企业辅助生产为基本生产和经营管理提供的服务包括(　　)。
   A. 提供产品，如模具、专用工具　　B. 提供劳务，如供电、供水、机修等
   C. 提供生产用半成品　　D. 提供对外销售的产品
3. 在实际工作中，制造费用分配的标准一般有(　　)。
   A. 生产工时　　B. 生产工人工资
   C. 机器工时　　D. 产品的产量

判断题

1. 工业企业发生的综合费用在按发生的车间、部门进行归集后，应按一定的标准在受益部门和产品之间进行分配。(　　)
2. 辅助生产车间为生产产品如工具、模具发生的直接费用记入“辅助生产成本”账户，为辅助生产车间发生的费用记入“制造费用”账户。(　　)
3. 辅助生产直接分配法的优点是计算简单并且准确，因此这种方法在实际工作中得到普遍的使用。(　　)
4. 辅助生产费用和制造费用在月末分配后，其账户无余额。(　　)
5. 辅助生产费用的直接分配法就是将辅助生产的费用直接分配给所有受益部门。(　　)

6. 辅助生产的交互分配法之所以如此称呼，是因为辅助生产部门之间存在着一次的相互分配。 （　　）

业务核算题一

（一）练习辅助生产分配的直接分配法

宏远公司有供水、供电两个辅助生产车间，5月份供水车间发生费用15 000元，供电车间发生费用5 000元。5月两个辅助生产车间提供的劳务情况如表9－4所示。

表9－4　　　　　　　　辅助生产车间提供劳务情况一览表

部门	计量单位	劳务总量	各受益单位及受益数量					
			供水	供电	甲产品	乙产品	基本车间	行政部门
供电	度	12 000	2 000		4 000	3 000	1 800	1 200
供水	立方米	100 000		25 000	30 000	20 000	20 000	5 000

要求：

（1）编制辅助生产车间分配表。

（2）编制辅助生产直接分配法的会计分录。

（二）练习辅助生产费用分配的交互分配法

仍以宏远公司5月份供水、供电车间发生的费用和提供的劳务量为计算依据，计算下列项目，并编制辅助生产分配表。

1. 交互分配：

供电车间交互分配率＝

供水车间应分配的电费＝

供水车间交互分配率＝

供电车间应分配的水费＝

2. 对外分配费用及分配率：

供电车间应对外分配的费用＝

供电车间对外分配率 =

供水车间应对外分配的费用 =

供水车间对外分配率 =

3. 编制辅助生产费用分配表（见表 9 –5）。

表 9 –5　　　　辅助生产费用分配表（交互分配法）

××年 5 月

					受益单位、受益数量及应分配费用											

4. 编制交互分配的会计分录；编制对外分配的会计分录。

5. 登记辅助生产成本——供电、辅助生产成本——供水的丁字形账户（见表 9 –6、表 9 –7）。

表 9 –6　　　　辅助生产成本——供电

表 9 –7　　　　辅助生产成本——供水

（三）练习制造费用分配的核算

远大公司 5 月份基本生产车间归集的制造费用为 23 375 元，本月该车间生产 A、B 两种产品，费用分配标准为产品的生产工时。A、B 产品的生产工时分别为 1 000 工时和 870 工时。

要求：(1) 编制制造费用分配表（见表 9－8）。

表 9－8

制造费用分配表

××年 5 月

产品名称	分配标准（生产工时）	分配率	应分配的费用（元）
A 产品			
B 产品			
合　计		—	

(2) 编制制造费用分配的会计分录。

业务核算题二 （练习辅助生产费用、制造费用的归集和分配）

远东公司是一家小规模制造性企业，有供电、机修两个辅助生产车间，有一基本生产车间生产甲、乙两种产品。5 月份发生部分经济业务如下：

1. 3 日，以现金支付办公费 965 元，其中基本生产车间 465 元，供电车间 120 元，机修车间 180 元，行政管理部门 200 元。

2. 6 日，领用一般性耗材 1 680 元，其中基本生产车间 800 元，供电车间 380 元，机修车间 200 元，行政管理部门 200 元。

3. 12 日，摊销财产保险费 12 000 元，其中基本生产车间 3 200 元，供电车间 1 800 元，机修车间 2 000 元，行政管理部门 5 000 元。

4. 20 日，领用劳动保护用品 3 700 元，其中基本生产车间 1 200 元，供电车间 680 元，机修车间 620 元，行政管理部门 1 200 元。

5. 30 日，结转本月工资总额 26 900 元，其中基本生产车间 11 000 元，供电车间 5 900 元，机修车间 4 200 元，行政管理部门 5 800 元。

6. 30 日，按上述工资总额的 14% 提取职工福利费。

7. 30 日，计提固定资产折旧 12 800 元，其中基本生产车间 6 500 元，供电车间 2 300 元，机修车间 1 800 元，行政管理部门 2 200 元。

要求：

(1) 根据上述业务编制记账凭证。

(2) 根据编制的记账凭证登记“辅助生产成本”和“制造费用”的明细账（见表 9－9、表 9－10、表 9－11）。

表 9－9　　生产成本——辅助生产成本明细账

辅助车间名称：供电车间　　××年5月

××年		凭证号数	摘　要	费用项目							合　计
月	日			耗材及劳保费	工资及福利费	折旧费	办公费	水电费	修理费	其　他	

表 9－10　　生产成本——辅助生产成本明细账

辅助车间名称：机修车间　　××年5月

××年		凭证号数	摘　要	费用项目							合　计
月	日			材料及劳保费	工资及福利费	折旧费	办公费	水电费	修理费	其　他	

表 9－11　　制造费用明细账

车间名称：　　××年5月

××年		凭证号数	摘　要	费用项目							合　计
月	日			材料费	工资及福利费	折旧费	办公费	劳保费	修理费	其　他	

续表

××年		凭证号数	摘要	费用项目							合计
月	日			材料费	工资及福利费	折旧费	办公费	劳保费	修理费	其他	

（3）本月供电、机修车间提供的劳务量如表9－12所示，采用一次交互分配法分配辅助生产的费用，计算并填列表9－13；编制交互分配的会计分录和对外分配的会计分录。

表9－12　　　　辅助生产车间提供劳务情况一览表

部门	计量单位	劳务总量	各受益单位及受益数量					
			机修	供电	甲产品	乙产品	基本车间	行政部门
供电	度	20 010	3 010		6 000	5 000	3 200	2 800
机修	工时	2 397		397	—	—	1 600	400

表9－13　　　　辅助生产费用分配表（交互分配法）

××年5月

					受益单位、受益数量及应分配费用										

编制交互分配的会计分录，编制对外分配的会计分录：

（4）编制制造费用分配表（见表9－14），甲乙产品的生产工时分别为3 700和6 300工时；编制制造费用分配的会计分录。

表9－14 **制造费用分配表**

××年5月

产品名称	分配标准（生产工时）	分配率	应分配的费用（元）
甲产品			
乙产品			
合　　计		—	

编制制造费用分配的会计分录：

习题四　生产费用在完工产品和在产品之间分配核算练习

填空题

1. 广义的在产品是＿＿＿＿＿＿＿＿＿＿＿＿＿＿不能作为商品销售的产品，狭义的在产品是＿＿＿＿＿＿＿＿＿＿＿＿＿＿。

2. 在产品未完工状态下，月初、月末在产品与本月发生生产费用及完工产品成本的关系式为：＿＿＿＿＿＿＿＿＿＿＿＿＿＿。

3. 约当产量法是＿＿＿＿＿＿＿＿＿＿＿＿＿＿＿＿＿＿＿＿，从而确定完工产品成本和月末在产品成本的一种方法。约当产量＝＿＿＿＿＿＿＿＿＿＿。

选择题

1. 月末在产品数量较多，各月在产品数量变化较大，产品成本中各成本项目所占比重较均衡的产品，其在产品成本的计算应采用(　　　　)。

A. 在产品按所耗原材料成本计价法　　B. 约当产量法

C. 定额比例法　　D. 在产品按年初固定成本计价法

2. 在产品按所耗原材料成本计价方法适用于(　　　　)。

A. 各月在产品数量较多且变化较小　　B. 直接材料费用在产品成本中所占比重较大

C. 各月在产品数量较多且变化较大　　D. 在产品数量各月变化不大的产品

3. 采用约当产量法计算在产品成本时，应首先考虑(　　　　)。

A. 在产品的完工程度　　B. 原材料的投料方式

C. 在产品的数量　　D. 成本管理要求

判断题

1. 不用在产品成本法计算在产品成本，适用于每月月末在产品数量很少，月末是否计算在产品成本对完工产品成本影响不大的产品。(　　)

2. 在工业企业中，原材料的投料方式主要有两种，即一次投料逐步加工，多次投料多次加工的方式。(　　)

3. 对于在产品数量各月变化不大的产品，可采用在产品按年初固定成本计价法计算在产品成本。(　　)

4. 约当总产量一般是指完工产品产量与在产品数量之和。(　　)

5. 一次投料方式下，月末在产品中直接材料部分的完工程度为50%。(　　)

6. 对于定额管理水平较高、各月在产品数量变化不大的产品，可采用约当产量法计算在产品的成本。(　　)

业务核算题一

(一) 练习在产品按所耗原材料成本计价法计算在产品成本

远大公司C产品的有关成本资料如表9－15所示，计算并填列表9－15（小数点保留位数：计算过程保留四位，计算结果保留两位）。

表 9－15　　　　　　　　　　　　**产品成本计算单**

产品名称：C 产品　　　　　　　　××年 5 月 31 日

完工产量：85 千克

在产品数量：50 千克

项　　目	直接材料	直接人工	制造费用	合　计
月初在产品成本	23 400	—	—	23 400
本月发生生产费用	52 200	3 825	5 780	61 805
小　计				
单位成本				
完工成本				
月末在产品成本				

（二）练习在产品按完工产品成本计算法

远大公司 D 产品的有关成本资料如表 9－16 所示，计算并填列表 9－16。

表 9－16　　　　　　　　　　　　**产品成本计算单**

产品名称：D 产品　　　　　　　　××年 5 月 31 日

完工产量：160 千克

在产品数量：80 千克

项　　目	直接材料	直接人工	制造费用	合　计
月初在产品成本	8 400	5 140	3 340	16 880
本月发生生产费用	42 000	13 100	7 700	62 800
小　计				
单位成本				
完工成本				
月末在产品成本				

（三）练习约当产量法计算在产品成本

远大公司第一基本生产车间生产 A、B 两种产品，A 产品在开始生产时一次投料，B 产品则采用逐步投料逐步加工的方式，在产品的完工程度均为 50%，有关成本资料如表 9－17 所示、表 9－18 所示，计算并填列表 9－17、表 9－18。

表 9－17　　　　　　　　　　　　**产品成本计算单**

产品名称：A 产品　　　　　　　　××年 5 月 31 日

完工产量：80 件

在产品数量：40 件

项　　目	直接材料	直接人工	制造费用	合　计
月初在产品成本	8 000	4 300	3 600	15 900
本月发生生产费用	40 000	12 600	9 800	62 400
小　计				
约当总产量				
单位成本				
完工成本				
月末在产品成本				

表 9－18　　　　　　　　　　　　　产品成本计算单

××年 5 月 31 日

产品名称：B 产品

完工产量：900 件

在产品数量：300 件

项　　目	直接材料	直接人工	制造费用	合　计
月初在产品成本	22 400	7 800	6 530	36 730
本月发生生产费用	71 200	25 800	17 200	114 200
小　　计				
约当总产量				
单位成本				
完工成本				
月末在产品成本				

（四）练习在产品成本按定额成本法计算在产品成本

远大公司生产 E 产品，本月完工产量为 1 500 件，月末在产品数量为 350 件。月末在产品单位定额成本为 576 元，其中直接材料为 432 元，直接人工为 86 元，制造费用为 58 元。该产品月初在产品成本及本月发生费用如表 9－19 所示，计算并填列表 9－19。

表 9－19　　　　　　　　　　　　　产品成本计算单

××年 5 月 31 日

产品名称：E 产品

完工产量：　件

在产品数量：　件

项　　目	直接材料	直接人工	制造费用	合　计
月初在产品成本	122 350	24 600	9 870	156 820
本月发生生产费用	489 560	67 800	21 400	578 760
小　计				
完工成本				
单位成本				
月末在产品成本				

（五）练习定额比例法计算在产品成本

远大公司的 F 产品采用定额比例法计算在产品成本，月末该产品的有关成本计算资料如表 9－20、表 9－21 所示。列出计算过程，并将计算结果填入表 9－22。

表 9－20　　　　　　　　　　　　F 产品定额成本资料

项　　目	完工产品	月末在产品	合　计
直接材料定额成本（元）	10 000	5 000	15 000
定额工时（小时）	3 500	2 500	6 000

表 9－21　　F 产品月初在产品成本与本月发生费用

项　目	直接材料	直接人工	制造费用	合　计
月初在产品成本	107 500	16 800	9 600	133 900
本月发生费用	260 000	58 200	38 400	356 600

表 9－22　　产品成本计算单

产品名称：F 产品　　××年 5 月 31 日

完工产量：1 200 件

在产品数量：400 件

项　目	直接材料	直接人工	制造费用	合　计
月初在产品成本				
本月发生生产费用				
小　计				
完工成本				
月末在产品成本				

业务核算题二

宏伟公司生产的丙产品采用逐步投料方式，经过三道工序加工完成，本月完工产量为 1 000件，有关投料定额、单位产品工时定额及其他成本资料如表 9－23、表 9－24、表 9－25所示。

要求：

（1）计算在产品直接材料约当产量（在表 9－23 中相应栏中列出计算过程）并填入表 9－23。

（2）计算在产品工费项目约当产量（在表 9－24 中相应栏中列出计算过程）并填入表 9－24；

（3）计算丙产品的完工成本与在产品成本并填入表 9－25。

表 9－23　　在产品直接材料约当产量计算表

生产工序	各工序直接材料投料定额（元/件）	投料程度	在产品数量（件）	在产品约当产量（件）
第一道	87		80	
第二道	116		110	
第三道	87		99	
合　计	290		—	

表 9-24　　　在产品工费项目约当产量计算表

生产工序	各工序单位产品工时定额（工时/件）	各工序完工率	在产品数量（件）	在产品约当产量（件）
第一道	3		80	
第二道	4		110	
第三道	5		99	
合　计	12		—	

表 9-25　　　产品成本计算单

产品名称：丙产品　　　××年5月31日　　　完工产量：1 000 件

项　　目	直接材料	直接人工	制造费用	合　　计
月初在产品成本	9 650	5 350	3 890	18 890
本月发生生产费用	52 780	27 200	20 400	100 380
小　　计				
约当总产量				
单位成本				
完工成本				
月末在产品成本				

第十章 DISHIZHANG

产品成本计算方法

习题一　产品成本计算方法种类练习

填空题

1. 产品成本计算方法是__________，计算产品完工总成本和单位成本的方法。
2. 产品成本计算的基本方法有__________、__________、__________三种。
3. 按生产组织方式和按生产工艺过程综合分类，工业企业的生产类型可划分__________、__________和__________三种类型。
4. 大量生产是指____________________________________的生产。
5. 成批生产是指____________________________________的生产。
6. 产品的品种是____________________________________。

选择题

1. 工业企业生产按生产组织方式可划分为(　　　　)。
   A. 单步骤生产　　　　B. 成批生产
   C. 大量生产　　　　D. 单件生产
2. 工业企业生产按生产工艺过程分为(　　　　)。
   A. 单步骤生产　　　　B. 多步骤生产
   C. 成批生产　　　　D. 单件生产
3. 下面属于大量生产特点的是(　　　　)。
   A. 产品品种多　　　　B. 生产重复性强
   C. 专业水平高　　　　D. 产品品种少
4. 下面属于单步骤生产类型的企业是(　　　　)。
   A. 采掘业　　　　B. 酿酒业

C. 造纸业　　　　　　　　　　D. 纺织业

5. 下面属于多步骤装配式生产类型的企业是(　　　)。

A. 机械制造业　　　　　　　　B. 冶金业

C. 空调生产企业　　　　　　　D. 彩电生产企业

6. 工业企业产品成本计算对象一般有(　　　)。

A. 产品品种　　　　　　　　　B. 产品步骤

C. 产品批别　　　　　　　　　D. 产品类别

判断题

1. 工业企业生产成本计算的对象决定了企业的生产类型和成本管理的要求。(　　)

2. 成批生产按照产品批量的大小分为大批生产和小批生产。大批生产的特点接近于单件生产，小批生产的特点接近于大量生产。(　　)

3. 对于大量大批的单步骤生产，成本计算方法可选用品种法。(　　)

4. 对于单件生产，成本计算上可使用分批法。(　　)

5. 多步骤生产的工业企业，成本计算上应采用分步法计算成本。(　　)

6. 产品成本计算的辅助方法有分类法、定额法和系数计算法。(　　)

业务题

列出下列企业的生产组织方式、成本计算对象及应采用的成本计算方法（见表 10－1）。

表 10－1

制造性企业	生产组织方式	成本计算对象	成本计算方法
上海宝山钢铁集团公司			
青岛海尔股份公司电冰箱分公司			
福建省龙岩麒麟水泥制造有限公司			
沈阳飞机制造厂			
贵州茅台酒业股份有限公司			
山西大同煤矿			
武汉重型机械制造有限公司			
大连造船厂			
彩虹电视机制造有限公司			
上海三毛纺织集团公司			

习题二　产品成本计算的品种法练习

填空题

1. 产品成本计算的品种法是________________，计算产品成本的一种方法。
2. 品种法计算成本的对象是________________________。
3. 品种法下，基本生产明细账根据____________________开设。

选择题

1. 下列企业采用品种法计算产品成本的有(　　)。
   A. 采掘业　　B. 酿酒业
   C. 机械制造业　　D. 轮船制造业
2. 工业企业最基本的成本计算方法是(　　)。
   A. 分步法　　B. 分类法　　C. 分批法　　D. 品种法
3. 品种法主要适用的企业生产类型是(　　)。
   A. 大量大批的多步骤生产　　B. 单件小批量生产
   C. 大量大批单步骤生产　　D. 成批生产

判断题

1. 采用品种法计算成本，成本计算期与会计报告期一致，与生产周期也一致。(　　)
2. 采用品种法一般也要计算在产品成本与完工产品成本。(　　)
3. 工业企业产品成本计算的一般程序与品种法成本计算的一般程序一致。(　　)

业务题　（练习产品成本计算的品种法）

宏伟公司为一小型制造性企业，该公司单步骤的大量生产甲、乙两种产品，有供电、机修两个辅助生产车间，为产品、基本生产车间和行政管理部门提供劳务。甲产品采用一次投料方式、乙产品采用逐步投料方式，在产品完工程度均为50%，在产品成本计算采用约当产量法。甲、乙产品生产工时分别为4 500工时和5 500工时。5月份发生其他成本资料如下：

1. 产量资料如表10－2所示。

表10－2

单位：件

产 品	月初结存	本月投入	本月完工	月末结存
甲产品	40	80	90	30
乙产品	30	90	80	40

2. 月初在产品成本资料如表10－3所示。

表10－3

项 目	直接材料	直接人工	制造费用	合 计
甲产品	40 000	30 000	20 000	90 000
乙产品	30 000	20 000	10 000	60 000

3. 本月发生费用资料及按规定对生产费用的归集和分配如下：

（1）月末，汇总本月材料领用凭证为：生产甲、乙产品共同领用A材料34 000元，甲、乙产品的单耗定额均为每件50千克；甲、乙产品直接领用B材料分别为24 000元和25 000元；发出C材料15 000元，其中基本生产车间用5 000元，供电车间用4 000元，机修车间用3 000元，行政管理部门用3 000元。

要求：根据上述资料编制材料费用分配表（见表10－4），并编制会计分录。

表10－4

材料费用分配汇总表

名 称	产 量	单 耗	定额耗用量	分配率	共同费用分配	直接费用	合 计
甲产品							
乙产品							
小 计							
基本车间							
供电车间							
机修车间							
行政管理							
合 计							

编制会计分录：

（2）月末，本月工资结算汇总表中记录：基本生产车间生产工人的工资为35 000元，车间管理人员工资为8 000元，供电车间人员工资为5 000元，机修车间人员工资为3 800元，行政管理人员的工资为12 000元，专设销售机构人员工资为8 200元，医务福利人员工资为3 000元。生产工人工资按产品的生产工时比例分配。

要求：编制工资及福利分配汇总表（见表10－5）并编制会计分录。

表10－5　　工资及福利分配汇总表

名　称	生产工时	分配率	工资总额	福利费14%	合　计
甲产品					
乙产品					
小计					
基本车间					
供电车间					
机修车间					
行政管理					
专设销售机构					
医务福利人员					
合计					

编制会计分录：

（3）月末，统计汇总本月发生折旧费19 800元，其中基本生产车间为6 000元，供电车间为3 000元，机修车间为2 800元，行政管理部门为8 000元。

要求：编制会计分录。

（4）月末，以银行存款支付本月水电费19 000元，其中基本生产车间4 500元，供电车间2 600元，机修车间3 900元，行政管理部门8 000元。

要求：编制会计分录。

（5）月末，以银行存款支付办公费 12 000 元，其中基本生产车间 3 800 元，供电车间 1 650元，机修车间 1 980 元，行政管理部门 4 570 元。

要求：编制会计分录。

（6）月末统计，本月领用劳保用品 4 760 元，其中基本生产车间用 1 660 元，供电车间用 890 元，机修车间用 1 450 元，行政管理部门用 760 元。

要求：编制会计分录。

（7）月末摊销待摊费用，本月摊销财产保险费 5 600 元，其中基本生产车间为 1 980 元，供电车间为 670 元，机修车间为 480 元，行政管理部门为 2 470 元。

要求：编制会计分录。

（8）月末计提大修理费用，本月预提固定资产大修理费用 28 000 元，其中基本生产车间为 18 690 元，供电车间为 2 670 元，机修车间为 2 380 元，行政管理部门为 4 260 元。

要求：编制会计分录。

（9）根据上述生产费用分配的会计分录，登记辅助生产明细账（见表 10－6、表 10－7）。

表 10－6　　　　　　　　生产成本——辅助生产成本明细账

辅助车间名称：供电车间　　　　　　　　××年5月

××年		凭证号数	摘要	费用项目									合计
月	日												
		略											

表 10－7　　　　　　　　生产成本——辅助生产成本明细账

辅助车间名称：机修车间　　　　　　　　××年5月

××年		凭证号数	摘要	费用项目									合计
月	日												
		略											

（10）供电车间本月提供电 3 万度，甲产品用 11 000 度，乙产品用 8 400 度，基本生产车间用 5 600 度，机修车间用 1 760 度，行政管理部门用 3 240 度。机修车间提供修理 1 300 工时，其中基本生产车间用 870 工时，供电车间用 300 工时，行政管理部门用 130 工时。

要求：采用交互分配法分配辅助生产费用，填列表 10－8，编制交互分配及对外分配的会计分录。

表 10－8 　　　　　　　**辅助生产费用分配表（交互分配法）**

××年5月

					受益单位、受益数量及应分配费用											

编制交互分配的会计分录：

（11）登记制造费用明细账（见表 10－9）。

表 10－9 　　　　　　　**制造费用明细账**

车间名称：基本生产车间　　　　××年5月

××年		凭证号数	摘要	费用项目									合计
月	日												
		略											

（12）编制制造费用分配表（见表 10－10），并编制制造费用分配的会计分录。

表 10－10 　　　　　　　**制造费用分配表**

名　称	工时	分配率	应分配费用	合　计
甲产品				
乙产品				
合计				

编制会计分录：

（13）登记基本生产成本明细账（见表10－11、表10－12），并计算完工成本和在产品成本（小数点保留位数：计算过程保留四位，计算结果保留两位）。

表10－11　　基本生产成本明细账

产品名称：甲产品　　完工产量：　　在产品数量：

摘　要	直接材料	直接人工	制造费用	合　计
月初结存成本				
本月发生费用				
小　计				
约当总产量				
单位成本				
完工产品成本				
月末在产品成本				

表10－12　　基本生产成本明细账

产品名称：乙产品　　完工产量：　　在产品数量：

摘　要	直接材料	直接人工	制造费用	合　计
月初结存成本				
本月发生费用				
小　计				
约当总产量				
单位成本				
完工产品成本				
月末在产品成本				

（14）编制完工产品入库的会计分录：

习题三　产品成本计算的分批法练习

填空题

1. 产品成本计算的分批法又称定单法，是________为成本计算对象归集生产费用、计算产品成本的一种方法。

2. 分批法下基本生产明细账根据________或________开设。

3. 分批法的成本计算期与________一致，与________不一致。

选择题

1. 下列企业采用分批法计算产品成本的有(　　　)。

A. 采掘业　　B. 飞机制造

C. 电子工业　　D. 船舶制造业

2. 分批法的成本计算对象是(　　　)。

A. 单件产品　　B. 产品批别

C. 产品订单　　D. 产品步骤

3. 分批法主要适用的企业生产类型是(　　　)。

A. 大量大批的多步骤生产　　B. 小批量生产

C. 大量大批单步骤生产　　D. 单件生产

判断题

1. 采用分批法计算成本时，凡属于几批或几件产品共同发生的费用，应采用适当的分配方法在几批或几件产品中进行分配。　(　　)

2. 用分批法计算成本时，同样需要将生产费用在完工产品和在产品之间进行分配。　(　　)

3. 分批法下，成本的计算期就是产品的生产周期。　(　　)

4. 对在批内跨月陆续完工的产品，可以将归集的生产费用在完工产品和在产品之间进行分配。　(　　)

5. 大量大批的单步骤生产类型可采用简化分批法计算产品成本。　(　　)

6. 简化分批法主要适用于同一月份产品批数多、月末未完工产品的批数也较多的生产类型企业。 (　　)

业务题

（一）练习产品成本计算的分批法

远大公司生产的C产品采用分批法计算成本。5月份有601、602、603三个批号的产品进行生产，有关成本计算如下：

1. 产量资料如表10－13所示。

表10－13　　　　C产品实物量单位：台

产品批号	投产时间	投产量	5月份完工	月末结存
601	3月份	25	25	—
602	4月份	30	20	10
603	5月份	45	—	45

2. 月初成本资料如表10－14所示。

表10－14

产品批号	直接材料	直接人工	制造费用	合计
601	720 000	36 000	154 000	910 000
602	1 240 000	118 000	216 000	1 574 000

3. 本月发生各项费用如下：

（1）领用甲材料356万元，其中601号领用12万元，602号领用24万元，603号领用320万元；车间一般耗用乙材料5 600元。

（2）结转本月工资328 000元，其中生产工人工资286 000元，车间管理人员工资42 000元。生产工人工资按产品生产工时分配，601号产品工时为3 500工时，602号产品工时为4 000工时，603号产品工时为2 500工时。

（3）按工资总额的14%计提职工福利费。

（4）以银行存款支付本月基本生产车间水电费123 000元。

（5）计提本月基本生产车间固定资产折旧45 600元。

（6）本月制造费用按产品的生产工时分配。

（7）602号产品完工20件，按定额成本转出，602号产品定额单位成本为：直接材料为46 000元，直接人工为8 000元，制造费用为7 500元。

要求：

（1）作领用材料的会计分录。

（2）计算分配生产工人的工资，作工资结转的会计分录。

（3）计提职工福利费，并作相应的会计分录。

（4）作支付水电费的会计分录。

（5）作计提固定资产折旧的会计分录。

（6）登记制造费用丁字账户（见表 10－15）。

表 10－15

（7）列式计算分配制造费用，并作会计分录。

（8）根据上述会计分录登记生产成本明细账（见表 10－16、表 10－17、表 10－18）。

表 10－16　　基本生产成本明细账

产品名称：甲产品　　批号：601　　完工产量：

××年		凭证号数	摘　　要	直接材料	生产工时	直接人工	制造费用	成本合计
月	日							
5	1		月初在产品成本					
			分配材料费					
		略	分配工资费					
			分配福利费					
			分配制造费用					
			完工产品成本					
			完工单位成本					

转出完工产品成本的会计分录：

表 10－17　　基本生产成本明细账

产品名称：甲产品　　批号：602　　完工产量：

××年		凭证号数	摘　　要	直接材料	生产工时	直接人工	制造费用	成本合计
月	日							
5	1		月初在产品成本					
			分配材料费					
		略	分配工资费					
			分配福利费					
			分配制造费用					
			完工单位成本					
			完工产品成本					
			月末在产品成本					

转出完工产品成本的会计分录：

表 10－18 基本生产成本明细账

产品名称：甲产品 批号：603 在产品数量：

××年		凭证号数	摘　要	直接材料	生产工时	直接人工	制造费用	成本合计
月	日							
5	1	略	月初在产品成本					
			分配材料费					
			分配工资费					
			分配福利费					
			分配制造费用					
			月末在产品成本					

（二）练习产品成本计算的简化分批法

远大公司 D、E 产品系列因其生产特点采用简化分批法计算产品成本，5 月份有关成本计算资料如下：

1．产量资料如表 10－19 所示。

表 10－19

产品名称及批号	投产时间	投产量（件）	5 月份完工	月末结存
D 产品——01 号	2 月份	30	30	—
D 产品——02 号	3 月份	20	10	10
E 产品——311 号	4 月份	10	6	4
E 产品——322 号	5 月份	12	—	12

2．5 月初在产品成本及已耗用生产工时资料如表 10－20 所示。

表 10－20

产品名称及批号	月初在产品成本				
	已耗用工时	直接材料	直接人工	制造费用	成本合计
D 产品——01 号	2 000	256 000			
D 产品——02 号	1 500	128 000			
E 产品——311 号	3 000	198 000			
合　计	6 500	582 000	82 400	112 000	776 400

3．5 月份发生生产费用和耗用生产工时资料如表 10－21 所示。

表 10－21

表10—14 产品名称及批号	本月发生生产费用				
	生产工时	直接材料	直接人工	制造费用	成本合计
D 产品——01 号	3 000	156 000			
D 产品——02 号	2 500	216 000			
E 产品——311 号	2 000	625 000			
E 产品——322 号	2 500	526 000			
合　计	10 000	1 523 000	114 600	164 800	1 802 400

4. 要求设立基本生产成本二级账（见表 10－22）。

表 10－22

基本生产成本二级账

（各批产品总成本）

××年		凭证号数	摘　要	直接材料	生产工时	直接人工	制造费用	成本合计
月	日							
12	1		月初在产品成本					
	31		本月发生					
	31		累计生产费用					
	31		累计间接费用分配率					
	31		本月完工转出					
	31		月末在产品成本					

5. 直接材料按完工产量和在产品数量的比例分配，列出各批号产品分配计算过程。

6. 登记基本生产成本明细账（见表 10－23 至表 10－26），转出完工产品成本。

表 10－23

基本生产成本明细账

投产日期：2 月

产品名称：D 产品　　批号：01　　批量：12 件　　完工：12 件　　完工日期：5 月

××年		凭证号数	摘　要	直接材料	生产工时	直接人工	制造费用	合计
月	日							
5	1		月初在产品成本					
	31		本月发生					
	31		累计生产费用					
			间接费用分配率					
			完工产品应分配间接费用					
	31		本月转出完工产品成本					
	31		完工产品单位成本					

表 10－24　　基本生产成本明细账　　投产日期：3月

产品名称：D产品　　批号：02　　批量：20件　　完工日期：5月　　完工10件

××年		凭证号数	摘　要	直接材料	生产工时	直接人工	制造费用	合计
月	日							
5	1		月初在产品成本					
			本月发生					
			累计生产费用					
			间接费用分配率					
			完工产品应分配间接费用		2 600			
			本月转出完工产品成本					
			完工单位成本					
			月末在产品成本					

表 10－25　　基本生产成本明细账　　投产日期：4月

产品名称：E产品　　批号：311　　批量：10件　　完工日期：5月　　完工6件

××年		凭证号数	摘　要	直接材料	生产工时	直接人工	制造费用	合计
月	日							
5	1		月初在产品成本					
	31		本月发生					
	31		累计生产费用					
			间接费用分配率					
			完工产品应分配间接费用		2 750			
	31		本月转出完工产品成本					
			完工产品单位成本					
	31		月末在产品成本					

表 10－26　　基本生产成本明细账　　投产日期：5月

产品名称：E产品　　批号：322　　批量：12件　　完工日期：

××年		凭证号数	摘　要	直接材料	生产工时	直接人工	制造费用	合计
月	日							
5	31		本月发生					
	31		月末在产品成本					

7. 编制完工入库产品成本的会计分录：

习题四　产品成本计算的分步法练习

填空题

1. 产品成本计算的分步法，是以____________为成本计算对象归集生产费用，计算产品成本的一种方法。

2. 分步法按是否需要计算和结转各步骤半成品成本，分为________和________两种。

3. 在实际工作中，半成品完工结转的方式有两种：一是____________；二是________________。

4. 成本还原，就是将产成品成本中所包含在“________”项目中的综合成本，通过一定的方法，逐步还原为________、________和________等原始成本项目，从而求得按原始成本项目反映的产成品成本资料。

5. 平行结转分步法，是指________，而是将各生产步骤发生的生产费用中应记入“________”、________地加以汇总，从而计算完工产品成本的一种方法。

6. 在平行结转分步法下，某步骤约当总量 = ____________ + ____________ + 本步骤在产品的约当产量（一次投料方式应区分直接材料和加工费部分约当产量的计算）。

选择题

1. 产品成本计算的分步法，主要适用于(　　　　)的生产类型。

A. 大量大批生产　　B. 单步骤生产

C. 大量大批多步骤生产　　D. 单件生产

2. 采用分步法，应按(　　　　)设置基本生产成本明细账。

A. 产品品种　　B. 产品的生产步骤

C. 半成品项目　　D. 产品批别

3. 采用逐步结转分步法，按照半成品成本在下一步骤基本生产成本明细账中反映形式的不同，又可分为(　　　　)两种方法。

A. 综合结转分步法　　B. 平行结转分步法

C. 逐步结转分步法　　D. 分项结转分步法

4. 需要进行成本还原的分步法是(　　　　)。

A. 分项结转分步法　　B. 平行结转分步法

C. 逐步结转分步法　　D. 综合结转分步法

5. 综合结转分步法下，需要增设的成本项目是(　　)。

A. 直接材料　　B. 自制半成品

C. 半成品　　D. 燃料及动力

6. 平行结转分步法下，各步骤所使用的完工产品的产量是(　　)。

A. 产品的最终完工产量　　B. 各步骤半成品的完工产量

C. 各步骤产品的约当总产量　　D. 最后一步的完工产量

判断题

1. 分步法计算产品成本，成本计算期与会计报告期一致，与生产周期不一致。(　　)

2. 分步法中每一步骤计算产品成本的方法与品种法计算成本的方法相同。(　　)

3. 在逐步结转分步法下，半成品成本与半成品实物不随生产进程同时结转；平行结转分步法则需要同时结转。(　　)

4. 分项结转分步法的优点是可以在实际工作中简化半成品成本的结转和登记工作，缺点是不利于企业从整体角度考核和分析产品成本的构成情况。(　　)

5. 成本还原实际上是将“半成品”项目反算为上步骤的金额和成本项目。(　　)

6. 平行结转分步法下的在产品为狭义在产品的概念，因为其包括可各步骤未完工的产品。(　　)

业务题一

(一) 练习运用产品成本计算的分步法——逐步综合结转分步法计算成本

远大公司5月份生产F产品，生产过程顺序经过三个生产车间，第一车间、第二车间生产F半成品，第三车间生产F产成品。在产品成本采用约当产量法计算，原材料在生产开始时一次投入，各车间的在产品完工程度均为50%。

1. 产量资料如表10－27所示。

表10－27　　产品产量资料　　单位：台

项　目	第一车间	第二车间	第三车间
月初在产品	30	60	40
本月投产或上步骤转入	90	100	120
本月完工	100	120	110
月末在产品	20	40	50

2. 成本资料如表10－28所示。

表 10－28

项　　目		半成品	直接材料	直接人工	制造费用	合　　计
一车间	月初结存在产品成本		3 000	800	600	4 400
	本月发生生产费用		21 000	8 000	6 000	35 000
二车间	月初结存在产品成本	12 300	—	2 600	1 800	16 700
	本月发生或上步骤转来费用			9 440	8 560	18 000
三车间	月初结存在产品成本	21 600		3 400	2 670	27 670
	本月发生或上步骤转来费用			10 775	11 100	21 875

要求：根据上述资料填列产品成本计算单（见表 10－29 至表 10－31），计算完工产品和在产品成本（小数点保留位数：计算过程保留四位，计算结果保留两位），并编制会计分录。

表 10－29　　产品成本计算单

车间名称：一车间　　产品名称：F 半成品

成本项目	半成品	直接材料	直接人工	制造费用	合　　计
月初结存在产品成本					
本月发生生产费用					
小　　计					
约当总产量					
单位成本					
完工转入下步骤成本					
期末在产品成本					

编制会计分录：

表 10－30　　产品成本计算单

车间名称：二车间　　产品名称：F 半成品

成本项目	半成品	直接材料	直接人工	制造费用	合　　计
月初结存在产品成本					
本月发生或上步骤转入					
小　　计					
约当总产量					
单位成本					
完工转入下步骤成本					
期末在产品成本					

编制会计分录：

表 10－31　　产品成本计算单

车间名称：三车间　　产品名称：F 半成品

成本项目	半成品	直接材料	直接人工	制造费用	合　计
月初结存在产品成本					
本月发生或上步骤转入					
小　计					
约当总产量					
单位成本					
完工产品成本					
期末在产品成本					

编制会计分录：

（二）练习运用产品成本计算的分步法——逐步分项结转分步法计算成本

远大公司 5 月份生产 G 产品，需要经过连续的三个步骤加工完成，第一步骤、第二步骤生产 G 半成品，第三步骤生产 G 产成品。在产品成本采用约当产量法计算，原材料采用逐步生产、逐步投料方式，各步骤的在产品完工程度均为 50%。

1. 产品产量资料如表 10－32 所示。

表 10－32　　产品产量资料　　单位：件

项　目	第一步骤	第二步骤	第三步骤
月初在产品	600	400	200
本月投产或上步骤转入	1 400	1 200	1 000
本月完工	1 200	1 000	800
月末在产品	800	600	400

2. 成本资料如表 10－33 所示。

表 10－33

项目		直接材料	直接人工	制造费用	合计
一步骤	月初结存在产品成本	8 000	6 000	4 000	18 000
	本月发生生产费用	40 000	18 000	20 000	78 000
二步骤	月初结存在产品成本	12 000	8 600	4 800	25 400
	本月发生或上步骤转来费用	36 000	12 000	9 680	57 680
三步骤	月初结存在产品成本	11 600	7 600	6 260	25 460
	本月发生或上步骤转来费用	26 800	14 700	13 800	55 300

要求：根据上述资料填列产品成本计算单（见表 10－34 至表 10－36），计算完工产品和在产品成本（小数点保留位数：计算过程保留四位，计算结果保留两位），并编制会计分录。

表 10－34　　产品成本计算单

第一步骤　　产品名称：G 半成品

成本项目	直接材料	直接人工	制造费用	合计
月初结存在产品成本				
本月发生生产费用				
小计				
约当总产量				
单位成本				
完工转入下步骤成本				
期末在产品成本				

编制会计分录：

表 10－35　　产品成本计算单

第二步骤　　产品名称：G 半成品

成本项目	直接材料	直接人工	制造费用	合计
月初结存在产品成本				
本月发生或上步骤转入				
小计				
约当总产量				
单位成本				
完工转入下步骤成本				
期末在产品成本				

编制会计分录：

表 10 - 36　　产品成本计算单

第三步骤　　产品名称：G 产成品

成本项目	直接材料	直接人工	制造费用	合　计
月初结存在产品成本				
本月发生或上步骤转入				
小　计				
约当总产量				
单位成本				
完工产品成本				
期末在产品成本				

编制会计分录：

（三）练习运用平行结转分步法计算产品成本

承前面（二）中的资料，要求：开设成本计算单，计算 G 产品最终完工产品成本和在产品成本，编制会计分录。

表 10 - 37　　产品成本计算单

第一步骤　　产品名称：G 半成品

成本项目	直接材料	直接人工	制造费用	合　计
月初结存在产品成本				
本月发生生产费用				
小　计				
约当总产量				
单位成本				
转入完工产品成本的份额				
期末在产品成本				

编制会计分录：

表 10－38　　产品成本计算单

第二步骤　　产品名称：G 半成品

成本项目	直接材料	直接人工	制造费用	合　计
月初结存在产品成本				
本月发生生产费用				
小　计				
约当总产量				
单位成本				
转入完工产品成本的份额				
期末在产品成本				

编制会计分录：

表 10－39　　产品成本计算单

第三步骤　　产品名称：G 产成品

成本项目	直接材料	直接人工	制造费用	合　计
月初结存在产品成本				
本月发生生产费用				
小　计				
约当总产量				
单位成本				
转入完工产品成本的份额				
期末在产品成本				

编制会计分录：

表 10－40　　产成品成本汇总计算表

产品名称：G 产品　　完工产量：件

成本项目	直接材料	直接人工	制造费用	合　计
第一步骤转入份额				
第二步骤转入份额				
第三步骤转入份额				
完工产品总成本				
完工产品单位成本				

编制会计分录：

业务题二 （练习成本还原）

承前面（一）中的相关资料，对计算出的F产品完工成本进行还原。

1. 列出各步骤的还原计算过程。

2. 填列产成品成本还原计算表（见表10－41）。

表10－41　　　　　　　　　　产成品成本还原计算表

生产车间：　　　　　　　　　　产品名称：　　　　　　　　　　完工产量：

车间及成本项目		半成品	直接材料	直接人工	制造费用	合　　计
车间	还原前成本					
	还原后成本					
车间	还原前成本					
	还原后成本					
还原后产成品总成本						
还原后产成品单位成本						

第十一章 DISHIYIZHANG

所有者权益

习题一 所有者权益概述练习

填空题

1. 所有者权益是投资人对企业__________的所有权，其数量等于__________。
2. 所有者权益由__________、__________、__________和__________四个部分构成。
3. 所有者权益因__________和__________而增加，因__________和__________而减少。
4. 所有者权益中，__________和__________是由所有者直接投入的，而__________和__________则是由企业在生产经营过程中所实现的利润留存在企业所形成的。
5. __________和__________是形成企业资产的资金来源。

单项选择题

1. 企业所有者权益在数量上等于（　　）。
   A. 企业全部资产减去流动负债后的差额
   B. 企业全部资产减去全部负债后的差额
   C. 企业长期负债减去流动负债后的差额
   D. 企业流动资产减去流动负债后的差额
2. 下列关于所有者权益的表述，不正确的有(　　)。
   A. 它是企业投资者对企业净资产的所有权
   B. 它等于企业资产总额减去负债总额后的余额
   C. 企业永远不需要偿还所有者权益
   D. 所有者凭借它能够参与企业利润的分配，同时承担企业的经营风险
3. 关于所有者权益与负债不正确的有(　　)。

A. 两者都是形成企业资产的资金来源

B. 两者对企业资产拥有一样的要求权

C. 两者的偿还期限不同

D. 两者承担的风险不同

4. 所有者权益中的(　　)被称为留存收益。

A. 实收资本和资本公积　　B. 资本公积和盈余公积

C. 盈余公积和未分配利润　　D. 资本公积和未分配利润

5. 所有者权益中(　　)是由所有者直接投入的。

A. 实收资本和资本公积　　B. 资本公积和盈余公积

C. 盈余公积和未分配利润　　D. 资本公积和未分配利润

多项选择题

1. 下列内容应记入资产负债表上“所有者权益”项目的是(　　　　)。

A. 实收资本　　B. 外币资本折算差额

C. 累积未弥补亏损　　D. 法定盈余公积

2. 下列经济业务中，会引起所有者权益总额增减变化的是(　　　　)。

A. 提取盈余公积　　B. 投资者追加投资

C. 宣布发放现金股利　　D. 接受外币资本折算差额

3. 所有者权益的主要特点包括(　　　　)。

A. 所有者的金额为资产减去负债后的余额

B. 所有权拥有者可以参与企业的利润分配

C. 所有权拥有者不承担企业的亏损

D. 所有者权益在企业的经营期间无需偿还

4. 留存收益包括(　　　　)。

A. 实收资本　　B. 盈余公积

C. 资本公积　　D. 未分配利润

5. 下列关于留存收益的表述中，正确的有(　　　　)。

A. 留存收益是利润分配后留存在公司的利润

B. 留存收益来源于企业在生产经营活动中所实现的净利润

C. 留存收益来源于企业的资本投入

D. 留存收益来源于企业的资本增值

判断题

1. 由于所有者权益与负债都是对企业资产的要求权，故它们的权益是一样的。(　　)

2. 所有者权益是一种永久性的资本，永远无须向所有者偿还。(　　)

3. 企业的债权人不能参与企业的利润分配，但要承担企业的经营亏损。 (　　)

4. 企业的所有者按其投资比例分享企业的经营利润，同时分担企业的经营亏损。 (　　)

5. 实收资本和资本公积来源于企业的资本投入，而留存收益则来源于企业的资本增值。 (　　)

习题二　实收资本核算练习

填空题

1. 我国目前实行的是注册资本金制度，即要求________________。

2. 企业实有资金比原注册资金增减超过________的，应持资金使用证明或者验资证明向原登记主管机关申请登记。

3. 实收资本按投资主体的不同，分为________、__________和________。

4. 投资者可以用货币出资，也可以用________、________、________等作价出资，并且全体股东的货币出资金额不得低于有限责任公司注册资本的________。

5. 企业接受投资者投入的资本时，应按________________记入“实收资本”账户。

单项选择题

1. 企业接受投入厂房一幢，原账面原值 50 万元，已提折旧 20 万元，投资各方确认价值为 60 万元，并支付相关税费 1 万元。“实收资本”的入账价值为(　　)元。

A. 300 000　　B. 600 000　　C. 310 000　　D. 610 000

2. 企业接受投资者投入美元资本，合同约定汇率为 \$1:￥8.0。投入当天市场汇率为 \$1:￥8.1，则企业接受投资者投入 \$100 万元时，应记入“实收资本”账户(　　)万元人民币。

A. －10　　B. 10　　C. 800　　D. 810

3. 企业接受 A 投资者 110 万元现金的投资，并享有企业 20% 的股份，企业的注册资本为 500 万元，应记入“实收资本”账户的金额是(　　)万元。

A. 110　　B. 100　　C. 80　　D. 120

4. 企业不可以吸收所有者的(　　)作为投资。

A. 货币资产　　B. 固定资产　　C. 租入资产　　D. 无形资产

5. 某企业根据协议接受外币投资，协议中规定美元汇率为 \$1:￥8.25。若收到美元出资时汇率为 \$1:￥8.30，则货币资金和资本账户折算为人民币所采用的汇率分别是(　　)。

A. 8.3，8.25　　B. 8.25，8.3　　C. 8.25，8.25　　D. 8.3，8.3

多项选择题

1. 企业实收资本增加的途径主要有(　　　　)。

A. 投资者的投入　　　　B. 盈余公积转增

C. 资本公积转增　　　　D. 银行借入

2. 企业实收资本减少的主要原因是(　　　　)。

A. 实收资本转盈余公积　　　　B. 因资本过剩而减资

C. 实收资本转资本公积　　　　D. 因严重亏损而减资

3. 企业接受投资者投资时，可能涉及到的会计账户有(　　　　)。

A. “银行存款”　　　　B. “无形资产”

C. “实收资本”　　　　D. “资本公积”

4. 企业接受投资者投入的外币资本时，如果合同约定的汇率与接收当日的汇率不同，则可能作的会计处理有(　　　　)。

A. 借记“资本公积”科目　　　　B. 借记“银行存款”科目

C. 贷记“资本公积”科目　　　　D. 贷记“实收资本”科目

5. 下列所有者权益中的(　　　　)是由投资者直接投入形成的。

A. 实收资本　　　　B. 未分配利润

C. 资本公积　　　　D. 盈余公积

判断题

1. 在任何情况下，企业的注册资本与实收资本都完全一致。　　(　　)

2. 企业接受投资者投入的货币资产时，以实际收到的金额记入“实收资本”的贷方。　　(　　)

3. 实收资本一般不得随意变动，只有符合条件报经批准后方可增资或减资。　　(　　)

4. 企业接受投资者投入的外币资本时，如果合同约定的汇率与接收当日的汇率不同，则产生的差额可能记入“资本公积”借方，也可能记入“资本公积”贷方。　　(　　)

5. 企业接受投资者以非现金资产投入的资本时，非现金资产是以双方确定的价值入账，而不是以其账面原值入账。　　(　　)

业务题

1. 远达公司3月份设立时，接受投资者华阳公司投入款项200万元，款项已存入银行；接受投资者三力公司投入厂房一幢，出资各方确认价值为200万元，已办妥产权转移手续，并投入生产使用。远达公司注册资本为400万元。

要求：根据上述资料编制远达公司设立时的有关会计分录。

2. 5月份远达公司决定增加公司资本，此时有一新的投资者华维公司要求加入。经有关部门批准后，远达公司实施增资，将注册资本增加到900万元。经三方协商，一致同意，按下述投资方案实行后，三方投资者各拥有远达公司1/3的股份。各投资者的出资情况如下：

（1）华阳公司以一台设备投入作为增资，该设备原价180万元，已提折旧95万元，三方确认净值为100万元。

（2）三力公司以一项专利权投入作为增资，三方确认价值为100万元。

（3）华维公司以银行存款360万元投入。

要求：根据上述资料编制远达公司增资时的有关会计分录。

习题三　资本公积核算练习

填空题

1. 资本公积主要包括__________、__________、__________、__________。

2. 企业投资者投入的资金超过其在注册资本中所占份额的部分称做__________，记入“______________”账户。

3. 企业产生确实无法支付的应付账款时，应记入“______________”账户。

单项选择题

1. 对有限责任公司而言，如有新投资者介入，新介入的投资者缴纳的出资额大于其按约定比例计算的其在注册资本中所占的份额部分，应记入(　　)账户。

A. “实收资本”　　B. “资本公积”

C. “盈余公积”　　D. “营业外收入”

2. 在企业重组或有新投资者加入时，新加入投资者的出资额应(　　)其在注册资本中占有的份额。

A. 小于　　B. 大于

C. 等于　　D. 大于或等于

3. 债权人豁免债务和无法支付的债务应记入“(　　)”账户的贷方。

A. “营业外收入”　　B. “资本公积”

C. “其他业务支出”　　D. “营业外支出”

4. 下列资本公积中，不可直接用于转增注册资本的有(　　)。

A. 资本溢价　　B. 接受捐赠非现金资产准备

C. 接受现金捐赠　　D. 其他资本公积

5. 某企业年初所有者权益总额160万元，当年以其中的资本公积转增资本50万元。当年实现净利润300万元，提取盈余公积30万元，向投资者分配利润20万元。该企业年末所有者权益总额为（　　）万元。

A. 400　　B. 490　　C. 440　　D. 390

多项选择题

1. 下列各项中，应通过“资本公积”账户核算的有(　　)。

A. 接受捐赠非现金资产准备　　B. 资本溢价

C. 汇兑损溢　　D. 外币资本折算差额

2. 下列经济业务中，能增加资本公积的有(　　)。

A. 发生资本溢价　　B. 发生无法支付的应付账款

C. 接受捐赠资产　　D. 企业经营获利

3. 下列各项中，可以直接用于转增注册资本的资本公积项目有(　　)。

A. 资本溢价　　B. 接受现金捐赠

C. 接受捐赠非现金资产准备　　D. 外币资本折算差额

4. 下列事项中，可能引起资本公积变动的有（　　）。

A. 接受投资者投资

B. 股东大会宣告分派现金股利

C. 权益法核算中，被投资单位因投资追加而产生的资本溢价

D. 企业以高于股票面值的价格回购股票以减少股本

判断题

1. 接受投资企业的非现金资产，应按投资企业原账面价值确定入账价值。（　）

2. 企业获得债权人豁免的债务及确实无法支付的应付账款时，贷记“营业外支出”账户。（　）

3. 外币资本折算差额形成的资本公积，可能在借方，也可能在贷方。（ ）

4. 当投资者投入的资本高于按其在注册资本中所占的份额时，应当将高出部分计入营业外收入。（ ）

5. 资本公积经批准可以用于发放现金股利。（ ）

业务题

东海公司发生有关资本公积的经济业务如下（所得税率为25%）：

1. 增资时收到新投资者阳光集团投入100万元，占本公司注册资本400万元的20%，款项已存入银行。

2. 因昌海公司有严重违规行为，被国家有关部门强行撤销，应付昌海公司的货款5 000元，无法支付，予以转销。

要求：根据上述资料编制有关的会计分录。

习题四　盈余公积和未分配核算练习

填空题

1. 盈余公积是指企业从__________中按__________提取的积累资金；计提的法定盈余公积累计达注册资本的__________时，可以不再提取。

2. 一般企业的盈余公积主要包括__________和__________。

3. 企业提取的盈余公积主要用于__________、__________和__________。

4. 企业以盈余公积转增资本时，转增后盈余公积不得低于注册资本的__________。

5. 盈余公积和未分配利润又被称为__________。

6. 企业发生亏损可以用__________、__________和__________来弥补。

7. 从数量上来说，未分配利润是__________加上__________再减去__________和__________的余额。

8. “未分配利润”账户的余额在借方表示__________，在贷方表示__________。

单项选择题

1. 现行制度规定，法定盈余公积金可以依法定的程序转增资本，但转增资本后，(　　)。

A. 企业法定盈余公积金部分受限制

B. 企业法定盈余公积金不得高于注册资本的25%

C. 企业法定盈余公积金不得低于注册资本的25%

D. 企业任意盈余公积金必须为零

2. 下列会计事项会引起所有者权益总额发生变化的是(　　)。

A. 从净利润中提取盈余公积　　B. 用盈余公积补亏

C. 用盈余公积转增资本　　D. 向投资者分配现金股利

3. 目前，我国公司制企业的法定盈余公积是按照净利润的(　　)提取的。

A. 5%　　B. 10%　　C. 15%　　D. 20%

4. 下列经济业务中，能引起所有者权益总额发生减少的是(　　)。

A. 用资本公积转增资本　　B. 用利润弥补以前年度亏损

C. 用盈余公积弥补亏损　　D. 本年度发生亏损

5. 计提的法定盈余公积已达注册资本的(　　)时，可以不再提取。

A. 10%　　B. 20%　　C. 50%　　D. 25%

6. 下列关于盈余公积的表述中，错误的是(　　)。

A. 盈余公积可用于弥补亏损、转增资本和发放股利

B. 盈余公积可分为法定盈余公积和任意盈余公积

C. 盈余公积转增资本后的余额不得低于注册资本的25%

D. 公司制企业的法定盈余公积按税前利润的10%提取

多项选择题

1. 盈余公积减少是由于(　　)。

A. 对外捐赠　　B. 弥补亏损

C. 转增资本　　D. 派发股利

2. 关于法定盈余公积和任意盈余公积说法正确的有(　　)。

A. 法定盈余公积的提取比例为净利润的10%

B. 任意盈余公积的提取比例由企业自行决定

C. 两者都是国家规定必须提取的

D. 法定盈余公积是必须提取的，是否提取任意盈余公积由企业自行决定

3. 下列经济业务中，可以不单独编制会计分录的有(　　)。

A. 用盈余公积弥补亏损　　B. 用税前利润弥补亏损

C. 用税后利润弥补亏损　　D. 用盈余公积转增资本

4. 从利润中形成的所有者权益有(　　　　)。

A. 实收资本　　B. 资本公积

C. 盈余公积　　D. 未分配利润

5. 下列各项中，不会引起留存收益总额发生增减变动的有(　　　　)。

A. 提取任意盈余公积　　B. 盈余公积弥补亏损

C. 用盈余公积分配现金股利　　D. 用未分配利润分配利润

6. 企业弥补亏损的来源包括(　　　　)。

A. 用以后年度税前利润弥补　　B. 用以后年度税后利润弥补

C. 用盈余公积弥补　　D. 用以前年度实收资本弥补

判断题

1. 无论用盈余公积弥补亏损还是转增资本，都不会改变所有者权益总额。　(　　)
2. 企业无论用税前利润还是税后利润弥补亏损，都不必专门编制会计分录。　(　　)
3. 企业用盈余公积弥补亏损，会导致留存收益减少。　(　　)
4. 用一般盈余公积转增资本或弥补亏损，均不影响所有者权益总额的变化。　(　　)
5. 公司制企业的法定盈余公积按税后利润的10%提取。　(　　)
6. 法定盈余公积用于弥补亏损、转增资本和发放股利后不得低于注册资本的50%。　(　　)
7. “未分配利润”明细账户贷方余额表示未分配利润，借方余额表示未弥补亏损。　(　　)
8. 在我国，留存收益包括资本公积、盈余公积和未分配利润。　(　　)

业务题

1. 海通公司本年初对该公司上年净利润进行分配。

(1) 上年实现税后净利润100万元，予以结转。

(2) 公司董事会决定分别按10%提取法定盈余公积，按25%提取任意盈余公积，分派利润20万元。

(3) 用法定盈余公积金50万元转增资本，已办妥转增手续。

(4) 公司董事会决定用任意盈余公积50万元向投资者分派利润。

要求：根据上述资料编制有关的会计分录。

2. 华阳公司本年因业绩不佳，发生亏损 65 万元，经股东大会决议，用以往年度的盈余公积弥补亏损。

要求：根据上述资料编制有关的会计分录。

第十二章 DISHIERZHANG

收入、利润和利润分配

习题一 收入核算练习

填空题

1. 收入按企业经营业务的主次不同，分为__________和__________。
2. 收入按性质不同，分为__________、__________和__________等。
3. 小企业利润由________、________、营业外收入和营业外支出、________等组成。
4. 现金折扣是指________为鼓励________在规定的期限内付款而向________提供的________扣除。

判断题

1. 企业的销售收入包括基本业务收入和附营业务收入两种。（ ）
2. 对商业折扣和现金折扣，都可以采用总价法或净价法进行核算。（ ）
3. 商业折扣，是指企业为促进购货方早日支付货款而在销售价格上给予的优惠。（ ）
4. 收入一定表现为企业资产的增加。（ ）

选择题

1. 按照收入准则的规定，企业确认销售商品收入的条件有（ ）。

   A. 企业已将商品所有权上的主要风险转移给买方

   B. 企业已将商品所有权上的主要报酬转移给买方

C. 企业没有保留与商品所有权相联系的继续管理权和控制权

D. 与交易相关的经济利益能够可靠流入企业

E. 相关的收入和成本能够可靠地计量

2. 收入是指企业在销售商品、提供劳务及让渡资产使用权等(　　)。

A. 日常经营活动中所形成的经济利益的总流入

B. 日常经营活动中所形成的经济利益的净流入

C. 主要经营活动中所形成的经济利益的总流入

D. 全部经营活动中所形成的经济利益的总流入

3. 采用总价法确认应收账款入账金额情况下，销售方给予客户的现金折扣计入(　　)。

A. 管理费用　　B. 营业费用

C. 财务费用　　D. 营业外收入

4. 企业收益的主要来源是(　　)。

A. 经营活动　　B. 投资活动

C. 筹资活动　　D. 投资收益

5. 下列项目中，属于工业企业其他业务收入的是(　　)。

A. 商品销售收入　　B. 材料销售收入

C. 罚款收入　　D. 出售无形资产收入

6. 收入按性质不同，分为(　　)。

A. 销售商品的收入　　B. 提供劳务的收入

C. 让渡资产使用权的收入　　D. 建造合同收入

7. "营业税金及附加"账户核算企业日常主要经营活动应负担的税金及附加，包括(　　)等。

A. 营业税　　B. 城市维护建设税

C. 增值税　　D. 教育费附加

业务题

1. 长江公司为增值税一般纳税人，6月1日，向光明公司销售产品1 000件，每件售价180元（不含增值税）。已开出增值税专用发票，商品已交付给光明公司。为了及早收回货款，长江公司在合同中规定的现金折扣条件为：2/10，1/20，N/30。

要求：编制长江公司销售的有关会计分录。

2. 10月15日，长江公司（该公司为增值税一般纳税人）向高明公司销售一批商品，增值税专用发票上注明售价37万元，增值税62 900元。10月17日货到达高明公司，发现商品规格不合要求，要求在价格上给予折让。经协商，长江公司同意给予8%的折让。

要求：编制长江公司销售的有关会计分录。

习题二 利润和利润分配核算练习

填空题

1. 企业利润总额包括________、________和__________。

2. 所得税是企业依照税法规定，就其________、________和________向国家缴纳的税金，是国家财政收入的主要来源之一。

3. 应纳所得税额 = __________ + __________ − __________。

4. 期间费用是指不直接归属于某个特定产品成本或某项特定劳务的________、__________和__________。

判断题

1. 处置固定资产净损失会造成经济利益流出，所以它属于会计准则所定义的“费用”范畴。 ( )

2. 期间费用在发生的当期就全部转入损益，而不直接或间接计入产品成本。 ( )

3. 营业外收入是指企业除主营业务收入以外的收入。 ( )

4. 在缴纳所得税时，企业应当按照税法规定对税前会计利润进行调整，并按照调整后的数额申报缴纳所得税。 ( )

5. 我国所得税费用的核算采用资产负债债务法。 ( )

选择题

1. “财务费用”账户核算不包括(　　)。

A. 利息支出　　B. 投资损失

C. 相关的手续费　　D. 汇兑损失

2. 下列支出应作为销售费用列支的是(　　　　)。

A. 滞纳金、罚款　　　　B. 赞助、捐赠支出

C. 广告费　　　　D. 公司经费

3. 离退休人员的退休金应计入(　　　　)。

A. 营业外支出　　　　B. 管理费用

C. 应付职工薪酬——工资　　　　D. 财务费用

4. 下列不属于"其他业务收入"账户核算范围的是(　　　　)。

A. 销售材料　　　　B. 出售固定资产

C. 无形资产出租　　　　D. 包装物出租收入

5. 下列应作为营业外支出核算的有(　　　　)。

A. 固定资产盘亏　　　　B. 罚款支出

C. 离退休人员退休金　　　　D. 出售固定资产的净收益

6. 下列属于管理费用的支出项目是(　　　　)。

A. 借款利息　　　　B. 业务招待费

C. 房产税　　　　D. 无形资产摊销

7. 下列项目中，不应确认为收入的有(　　　　)。

A. 销售商品收取的增值税　　　　B. 出售飞机票时代收的保险费

C. 销售商品的价款　　　　D. 销售商品代垫的运杂费

8. 根据我国有关法规的规定，企业当期实现的净利润，加上年初未分配利润（或减去年初未弥补亏损）和其他转入后的余额，为可供分配的利润。可供分配的利润分配的顺序为(　　　　)。

A. 提取任意盈余公积，任意盈余公积一般按照企业决议提取

B. 向投资者分配利润

C. 提取法定盈余公积，提取比例一般为当年实现净利润的10%

D. 转作资本的利润（指企业按照利润分配方案以利润转增资本）

9. 管理费用，是指企业为组织和管理企业生产经营所发生的管理费用。包括(　　　　)等。

A. 业务招待费　　　　B. 印花税

C. 广告费　　　　D. 借款费用

业务题

1. 大新公司本年实际发放工资36万元，核定的全年计税工资为30万元；年底收到国库券利息收入8 000元；支付罚金4 000元；公司采用直线法计提固定资产折旧，利润表中列支年折旧费4.5万元，税法规定按年数总和法计提折旧，年折旧额为5.7万元。大新公司利润表上反映的税前会计利润为10万元，所得税率是25%。假设该公司当年无其他纳税调整事项。

要求：按应付税款法计算：

（1）应纳税所得额 =

（2）应交所得税 =

（3）净利润 =

2. 长城企业 12 月末损益类账户余额如下：主营业务收入 402 万元，其他业务收入 127 500 元，营业外收入 24 万元，投资收益 15 万元，主营业务成本 2 377 500 元，主营业务税金及附加 20. 1 万元，其他业务成本 7. 8 万元，营业外支出 4. 2 万元，销售费用 15 万元，管理费用 18. 9 万元，财务费用 2. 7 万元。

要求：计算长城企业 12 月实现的利润总额，并编制期末结转损益类账户余额的会计分录。

第十三章 DISHISANZHANG

财务会计报告

习题一 财务会计报告概述练习

填空题

1. 编制财务会计报告是__________的重要内容，是实现__________的最终载体。

2. 根据规定，会计报表至少应当包括__________、__________、__________、所有者权益变动表、附注等部分。

3. 会计报表是财务会计报告的________和__________。

4. 财务会计报告包括________及其__________，以及其他应在财务会计报告中披露__________。

5. 资产负债表属于________报表，利润表和现金流量表属于__________报表。

选择题

1. 按照编报期间的不同，财务会计报告可以分为(　　　　)。

   A. 季度财务报告　　B. 月度财务报告

   C. 半年度财务报告　　D. 年度财务报告

2. 会计报表的编制要求包括(　　　　)。

   A. 数字真实、内容完整　　B. 计算准确、报送及时

   C. 便于理解　　D. A和B

3. 资产负债表各项目的数据来源主要通过以下(　　　　)方式取得。

   A. 根据总账账户余额直接填列

   B. 根据总账账户余额计算填列

   C. 根据明细账户余额计算填列

   D. 根据总账账户和明细账户余额分析计算填列

4. 为了满足信息使用者的不同要求，会计报表按反映内容分类，可分为动态报表和静态报表。以下属于动态报表的是(　　)。

A. 利润表　　B. 资产负债表

C. 现金流量表　　D. 利润分配表

5. 编制财务会计报告的作用主要在于(　　)。

A. 提供决策有用的财务信息

B. 加强和改善企业内部经营管理

C. 促进社会资源的合理配置，为社会公众利益服务

D. 反映企业的财务情况

6. 年度结账日为(　　)年度每年的(　　)；半年度、季度、月度结账日分别为(　　)年度每半年、每季、每月的(　　)。

A. 12 月 31 日　　B. 农历　　C. 公历　　D. 最后一天

7. 编报资产负债表过程中，如“应付账款”科目所属有关明细账户期末为(　　)余额，应在本表内增设(　　)项目填列；如“应收账款”科目所属明细账户期末为(　　)余额，应在本表中增设(　　)项目填列。

A. “预收账款”　　B. “预付账款”　　C. 借方　　D. 贷方

习题二　资产负债表及其附表练习

填空题

1. 目前，国际上通用的资产负债表格式主要有两种：__________资产负债表和__________资产负债表。

2. 账户式资产负债表是左右结构，左方列示____________，反映全部资产的分布及存在形态；右方列示____________和________________。

3. 资产负债表中“货币资金”项目，反映小企业________、__________、外埠存款、__________等的合计数。

4. 如“应收账款”科目所属明细账户期末有贷方余额，应在资产负债表中增设__________项目填列。

5. 如“应付账款”科目所属各有关明细账户期末为借方余额，应在本表内增设__________项目填列。

判断题

1. 资产负债表中的“长期待摊费用”项目应根据“长期待摊费用”账户的余额直接填

列。 (　　)

2. 资产负债表中“无形资产”项目反映各项无形资产的原价。 (　　)

3. 年末编制资产负债表时，应根据“本年利润”和“利润分配”账户余额计算分析填列“未分配利润”项目的金额。 (　　)

4. 资产负债表是指反映企业在某一特定日期资产情况的报表。 (　　)

选择题

1. 提供企业资产的流动性和偿债能力情况的报表是(　　　　)。

A. 资产负债表　　B. 利润表

C. 现金流量表　　D. 利润分配表

2. 下列资产负债表项目中，应根据明细账户的金额分析填列的是(　　　　)。

A. “应付账款”　　B. “无形资产”

C. “银行存款”　　D. “坏账准备”

3. 资产负债表是反映企业一定(　　　　)。

A. 期间财务状况的报表　　B. 时期财务状况的报表

C. 日期经营成果的报表　　D. 日期财务状况的报表

4. 建立账户式资产负债表所依据的会计等式是(　　　　)。

A. 资产－负债＝所有者权益　　B. 收入－费用＝利润

C. 资产＝负债＋所有者权益　　D. 收入＝利润＋费用

5. 会计报表的编制要求，包括 (　　　　)。

A. 内容完整　　B. 数字真实

C. 计算准确　　D. 编报及时

业务题

1. 江南企业7月31日有关明细账户余额如表13－1所示。

表13－1　　单位：元

会计科目	借方余额	贷方余额
库存现金	4 600	
银行存款	310 000	
其他货币资金	50 000	
应收账款	80 000	1 700
原材料	160 000	
周转材料	9 000	

续表

会计科目	借方余额	贷方余额
库存商品	100 000	
应付账款	10 000	40 300
坏账准备		8 000
本年利润		160 000
利润分配	110 000	

要求：根据表 13－1 资料计算资产负债表上有关项目的金额（见表 13－2）。

表 13－2　　　　**资 产 负 债 表**

编制单位：　　　　年　月　日　　　　单位：元

资　产	金　额	负债及所有者权益	金　额
货币资金		应付账款	
应收账款		预收账款	
预付账款		未分配利润	
存货			

2. 东海企业 12 月 31 日有关账户的余额如表 13－3 所示。

表 13－3　　　　**账 户 余 额 表**

单位：元

总　账	明细账	借方余额	贷方余额	总　账	明细账	借方余额	贷方余额
现金		10 000		短期借款			100 000
银行存款		280 000		应付票据			130 000
交易性金融资产		120 000		应付账款			139 490
应收票据		80 000			甲公司	630 000	
应收账款		261 800			丁公司		769 490
	B 公司	161 000		应交税费			22 600
	C 公司	120 000		应付职工薪酬			34 000
	E 公司		19 200				
其他应收款		40 000		其他应付款			7 000
				坏账准备			1 800
原材料		200 000					
库存商品		110 000		长期借款			340 000
				累计折旧			88 000
持有至到期投资		90 000		实收资本			1 000 000
				资本公积			12 000
固定资产		810 000		盈余公积	法定盈余公积		117 000
在建工程		62 000			任意盈余公积		10 437
无形资产		52 000		利润分配	未分配利润		113 473
合　计		2 115 800		合　计			2 115 800

要求：根据表13－3资料编制资产负债表（见表13－4）。

表13－4　　　　资 产 负 债 表

编制单位：　　　　年　月　日　　　　单位：元

资　　产	行次	年初数	期末数	负债和所有者权益（或股东权益）	行次	年初数(略)	期末数
流动资产：				流动负债：			
货币资金	1	281 800		短期借款	68	150 000	
交易性金融资产	2	8 000		应付票据	69	90 000	
应收票据	3	68 000		应付账款	70	72 000	
应收股息	4			预收账款	71		
应收账款	6	79 600			72		
其他应收款	7	1 500		应付职工薪酬	73	8 400	
预付账款	8	37 800		应付利润	74		
存货	10	320 000		应交税费	76	12 000	
一年内到期的长期债权投资	21			其他应付款	81	6 600	
其他流动资产	24						
流动资产合计	31	796 700		一年内到期的长期负债	86	45 000	
长期投资：				其他流动负债	90		
长期股权投资	32	75 000		流动负债合计	100	384 000	
持有至到期投资	34	24 000		长期负债：			
长期投资合计	38	99 000		长期借款	101	135 000	
固定资产：		655 000		长期应付款	103		
				其他长期负债	106		
					108		
				长期负债合计	110	135 000	
工程物资	44						
在建工程	45	45 000		负债合计	114	519 000	
固定资产清理	46			所有者权益（或股东权益）：			
固定资产合计	50	700 000		实收资本	115	1 000 000	
无形资产及其他资产：				资本公积	120	10 000	
无形资产	51	85 800		盈余公积	121	67 500	
长期待摊费用	52			其中：法定公益金	122		
其他长期资产	53			未分配利润	123	85 000	
无形资产及其他资产合计	60	85 800		所有者权益（或股东权益）合计	124	1 162 500	
资产合计		1 681 500		负债和所有者权益（或股东权益）总计	135	1 681 500	

说明：“应收账款”账户的期初余额为8万元，“坏账准备”账户的期初余额为400元。

习题三　利润表练习

填空题

1. 利润表是指反映企业在一定__________的__________的会计报表。
2. 目前比较普遍的利润表的结构主要有________和__________两种。
3. 根据配比原则，用__________减去__________，可以计算得出营业外收支净额。

选择题

1. 某企业年初未分配利润 15 万元，当年实现净利润 60 万元，按 15% 的比例提取盈余公积。当年该企业可供投资者分配的利润为(　　　)元。

A. 660 000　　B. 510 000　　C. 750 000　　D. 727 500

2. 利润表反映企业的(　　　)。

A. 财务状况　　B. 经营成果　　C. 财务状况变动　　D. 现金流动

3. 我国企业的利润表采用(　　　)结构反映。

A. 多步式　　B. 少步式　　C. 双步式　　D. 单步式

业务题

华夏企业 12 月 31 日损益类各账户结账前余额如表 13－5 所示。

表 13－5

账户名称	借或贷	金额（元）
主营业务收入	贷	1 940 000
主营业务成本	借	1 188 000
主营业务税金及附加	借	120 000
销售费用	借	55 250
管理费用	借	46 000
财务费用	借	59 000
其他业务收入	贷	252 000
其他业务成本	借	16 000
投资收益	贷	90 000
营业外收入	贷	61 000
营业外支出	借	57 000
所得税费用	借	200 000

其中，投资收益中含有国债利息收入 5 万元；营业外支出中含有非公益性捐赠支出25 000元。

要求：根据资料编制利润表。

习题四　现金流量表、所有者权益变动表和附注练习

填空题

1. 企业现金流量表经营活动的现金流量，应采用__________填报。
2. 现金流量表是以______和_______为基础编制的财务状况变动表。
3. 现金流量表的编制方法有_________和__________两种。
4. 现金流量表采用________的结构。
5. 现金流量表按照__________的现金流量、__________的现金流量和__________的现金流量分别反映。
6. 附注是指对在______________所作的进一步说明，以及对未能在这些报表中列示项目的说明等。
7. 所有者权益变动表，是反映构成__________的各组成部分当期的________________的报表。
8. 综合收益的构成包括____________和直接计入所有者权益的__________________和________________。
9. 附注应当按照一定的__________进行系统合理的____________和________________。